韓國MBC電視台的談判高手
教你沒有好口才，也能說服各種人的32個說話技巧

我把韓劇賣到全世界

방송국에서 드라마 파는 여자

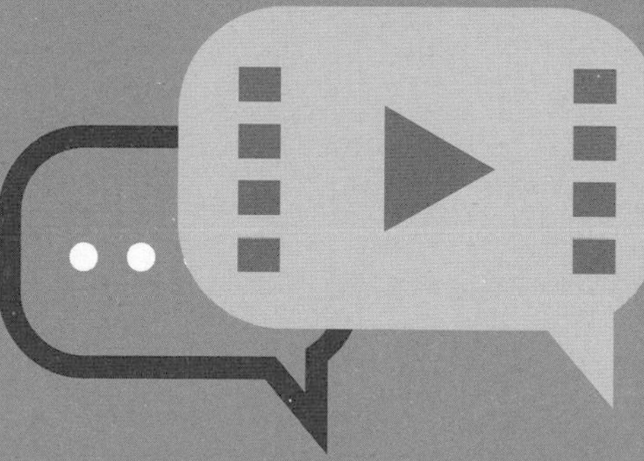

宋曉智——著　陳彥樺——譯

作者序

這樣說話，我把韓劇賣到全世界

大家好，我是在電視台賣連續劇的女子，宋次長。

剛開始的六年半期間，我在國際事業部從事銷售韓國連續劇或綜藝節目至海外的工作，宣揚韓流文化。現於國內文創事業部負責與IPTV和OTT等平台的合約談判。因此，涵蓋國內外全方位領域，我從事談判相關工作已是第十年。

在國際事業部工作時，我負責大部分的國家銷售，且相對其他公司而言，敝公司總能獲得較好的利益，故也被稱作「廣開土孝王」（與高句麗超級全盛時期的偉大廣開土大王齊名，以姓名中的一個字改編）。哈哈！

銷售業績蒸蒸日上時，局長曾請過一頓美味的晚餐，慰勞我們到國外出差，努力銷售。氣氛漸入佳境時，局長詢問我們在工作時有沒有什麼困境？酒意使我的大腦過濾系統麻痺，便開始吐露真心。

「局長，我在這個部門工作好幾年了，過得很忙碌，但感受不到什麼成長。沒有增加國外文創市場相關知識，感覺只增進與客戶推拉的技巧？這樣下去，以後我會不會變成一個武器型談判家……呵呵呵。」

若要求得一個好的處世之道，應該要這麼回答才對：「雖然有辛苦的部分，但幸虧局長的各種幫助，工作進行得很順利，謝謝。以後也會繼續努力工作！」

但我卻在局長面前說出我的真心。工作了數年，雖然業績成功達標，但我似乎無法稱自己為產業內的「知識專家」，令人慚愧。經過時間流逝後，我明白了。懂得掌控人與狀況，眼力好，身段柔軟但不會輕易放棄認為重要的價值，這便是我的最大優點，也是談判專家需要具備的特質。

過去十年從事文創銷售，它是一個與人面對的工作，需掌握對方的心境如何，及知道箇中原因，並動搖他們的心意，這些是我在工作上獲得的成就。在過程中我的領悟是，若能將訣竅分享給大家或發揮一些好的影響力，那我所花的時間就是有意義的。

這也是我會寫書的理由。

帶有人情味，談判更有利

不過，什麼是「談判」？首先，銷售時，「商品」最重要。如果販售的商品在品質上比其他公司優秀，當然賣得好。我投身的文創市場也是相同道理。某部分被稱作「名作」的影視作品在播放結束的十年後，仍然會受到眾多觀眾的喜愛。

但能夠這樣一次性抓住觀眾的影視作品卻是少數，而且結果難預測。換句話說，大多數的作品被擺放在無限的競爭裡。文創市場更簡單地說是資本主義市場，太過複雜與激烈了。所以，我們需要談判。

我認為的「談判」以一句話來說是「動搖對方的情感」。換言之，以商品為基礎，動搖對方的情感來達到想要的結果，其過程就是談判。當然，談判絕不單靠情感而已，基本上還有情報收集、建立企劃，以及目標設定。**但在談判中，「情感」比想像中重要**。

為什麼在談判中一定要動搖對方的情感？原因在於，談判的對象是「人」。人類是一個情感大於現實，容易受無意識控制的存在。根據談判學大師兼賓州大學華頓商學院教授史都華・戴蒙（Stuart Diamond）的說法，在談判中達成協議的最重要因素為人情味（五五％），如：好感度或信賴感；其次為順序（三七％）；專業知識占不到一〇％。

我不是談判學教授，也不是心理學家，可是我作為一個十年經歷的文創銷售工作者，與眾多購買者進行談判，親身感受到對方的心境是如何變化。我希望藉由本書可以幫助大家，認識成功談判的要件之一，即「動搖對方情感的方法」。我在書中依各階段提出三十二種不同的方法，希望大家可以試著在談判時運用。

我們的日常生活也和談判息息相關，如果想要知道生活中的談判奧妙，我也推薦你閱讀本書。最重要的是，這本書能帶給你一種，和熟識前輩喝下午茶閒聊的輕鬆愉悅感。

最後，我想要向幫助我的人們傳達感謝。首先是Bybooks出版社的尹玉初代表，真心感謝您如此珍惜我的原稿。還要感謝這十年來在事業部門一起累積經驗，並共同成長的媒體事業局夥伴們和公司內部的同事們。此外，多虧父母給予無限的愛和奉獻，我才能在時不時曲折的人生道路上走出一片天。因為有了他們，心中的電池馬上就能充飽電。我非常尊敬他們，也很感謝他們，更是無悔地愛他們。

接下來，就讓我們一探究竟，閱讀宋次長簡單有趣的談判散文吧！

目次

Part 2

如何讓客戶滿意，成功達標？

把話說到心坎裡，十五個最好用的談判技巧

Part 3

如何接待客戶，讓他只想和你交易？

性別、年齡到國籍，都會影響應對方式

Part 4

陷入僵局時，如何化解？

除了等待，偶爾也要主動出擊

前言

出發，前往坎城出差！

明天是宋次長到坎城出差的日子。坎城？眾所皆知的那個坎城？對，就是每年舉辦國際電影節的名地——法國坎城（Cannes）。

坎城除了國際電影節之外，每年也舉辦兩場國際電視台文創市場活動：四月是MIPTV，十月是MIPCOM。所謂的國際電視台文創市集，是一個聚集全球各地文創銷售與購買者的地方，故稱作「市集」或「市場」。

宋次長所屬的電視台國際事業部，其部長會指派出差人員，參加每年初舉辦的國際電視台文創市集。宋次長三月前往香港的Filmart；四月在坎城的MIPTV；七月則在越南的Telefilm；十二月會到新加坡的ATF（亞洲電視論壇）。宋次長從今年第一個行程，即香港Filmart出差回來，剛寫完報告書沒多久，又要準備出差到坎城的MIPTV，忙到連闔眼的時間都沒有，盤點完出差行李後才鬆了一口氣。經歷過一整年的國外出差，她早有專屬的行李整理法。

宋次長想起為了這次出差做準備的時光，其心境是「接下來是實戰了！」雖然心情上還是存有一些焦躁與不安，但一進入戰場，心情彷彿如水般地平靜。

APAC Business Travel Card

隔天早晨，出發往巴黎的飛機時間是早上十二點三十分。坐上機場巴士，九點半抵達仁川國際機場。因長期以來的國外出差，累積不少哩程數，變成貴賓室會員。宋次長待在貴賓室裡辦理出國手續。不過，貴賓室會員通道與一般會員沒有特別差異，莫名有種委屈感。這時，宋次長恍然想起自己持有的是「亞太經濟合作商務旅行卡」（APAC Business Travel Card）。持有該卡者，飛往亞太認證合作組織（APAC、Asia Pacific Activities Conference）國家出差時，可以使用特殊通關道，即外交官和航空公司機長使用的通道。剛好部門不久前辦理團體申請，每個成員皆領到此卡。宋次長出境後，逛了一圈免稅店，便配合起飛時間上飛機了。

那，宋次長在飛機上都在做什麼呢？拿出筆電，仔細檢查之後要開會的行程，滿臉苦惱的樣子打著鍵盤……那是商務艙和頭等艙乘客的命。宋次長待在窄小的經濟艙裡，連手臂伸直的自由都沒有，只能收好所有東西，開始睡覺。因身材矮小，將身體鑽進椅子裡就能就寢。只要蓋住頭，到哪都可以睡得很好的宋次長，就這樣進入夢鄉。

飛往坎城，首先要搭往巴黎，再轉機到尼斯，從尼斯出來再搭四十分鐘的計程車才會到坎城。越過山，渡河水，抵達的這個地方就是「坎城」。

剛進入國際事業部時，每個人都夢想抽到坎城出差。但出差一兩次後，得知旅程的艱辛，漸漸有了「希望下次不要再去」的想法。但畢竟是全世界最大的文創市集，當真的被排除在出差名單之外，心裡又會很不甘：「以為自己是本部門的重要存在，其實根本不是？」

人心就是這麼矛盾。公司生活總是考驗自己，某天被捧到天上，而某天又被深深扔到土裡；又或是某天在辦公室裡如走紅毯般威風，而某天又如同雨水落下般地步伐緩慢。總之，今年是被選中到坎城出差的一年，這次是第四次拜訪。睡睡醒醒，正要不耐煩的時候，聽到令人開心的聲音，是機長的廣播聲。

「本航班即將抵達巴黎夏爾・戴高樂國際機場。當地時間為下午五點三十分，氣溫是十四・七度。」

即使是從事英語相關工作的宋次長，若不專注聆聽，英語對她來說，也只是一個左耳進右耳出的外語。現在，宋次長迎接著美麗的空服員姊姊，不，是妹妹們的微笑，凜然下了飛機。明明是機長降落飛機，但不知為何，覺得安然抵達巴黎的自己很了不起。

下飛機後，走著走著，前面的部長獨自走向入境處。正想著該不該跑過去，但又想擁有多一點個人時光，於是與部長保持一段距離，直到在入境處見到部長，裝作剛發現的樣子，興高采烈地打招呼。

接著一行人團聚了，四位被選拔為這次出差的成員，是A電視台公司的韓流代表打擊手，也是一群確認自己在出差名單後，感到驕傲，心想「我果然不能不在這部門」的人們。

一行人馬上前往轉機中心，預計在機場等待三小時後，搭乘前往尼斯的班機。等待班機時都在做什麼？四位一起吃飯，互相釋放未能解開的情懷，鞏固彼此的團體合作……這不過是部長的希望罷了。其中兩位開始看眼色，並藉著有事，緩緩離開座位。有同事打先鋒後，宋次長也發出蚊子般的聲音，打算離開座位：「我要買一些東西……」

果然在公司生活裡，中間是最好的。最先打頭陣和最後一個都很危險。於是，宋次長享受一個人的時光，逛商店、坐在咖啡廳看書陷入沉思。各自度過等待時光後，一行人重新聚集，搭乘前往尼斯的班機。

終於抵達尼斯了！但旅程還未結束，必須搭乘計程車前往坎城。

國外出差通常會有「出差負責人」，大多會由負責拓展市場的人作為主要負責人，準備A到Z所有的出差事項。因此，這次的出差由其中一位歐洲市場負責人準備。當然，各自負責的國家會議由各自準備，但這趟出差旅程全交給那位同事辦理，包括訂機票、住宿和交通。

現在該去搭計程車了。一行人宛如等待鳥媽媽指示的鳥寶寶，望著負責人，眼神透露出「我們現在要怎麼做？」的訊號。六隻眼睛看向自己，負責人突然感受到自己的責任心，開始指揮大家，展現「我是專業的」並打電話給預約好的計程車公司，確認等待位置，威風凜然地走在前頭。這一刻，連部長都成了純真的小綿羊，跟著負責人的指示前進。

走出戶外，天空下著雨。雖然是第四次到法國出差，但第一次碰到下雨。「坎城應該不會下雨吧」，不以為然地想著，一行人搭上計程車。越靠近坎城，雨勢越大，雨刷不停地左右擺動，速度跟不上下雨的速度。往外一看，道路上都是積水。

人生第一次經歷暴雨，且還是翻山越嶺來到的陌生國家，說不出話來，因為說出口的瞬間，惡夢成了現實，而且即便說了也想不到解決方法，僅能驚嘆連連，凝視外面的情況。

坎城十年以來的最大暴雨。

計程車司機在一片沉默之中，小心翼翼地開了口。如果他能不說任何話，平安將我們送達住宿的地點該有多好，但他總是想盡辦法要跟我們說話。

「路上積水太多，車子似乎無法繼續前進了。真的很抱歉，你們可能要在這裡下車了。」

「在這裡？在一灘積水之下？還不到飯店附近，我們又不知道路，在這裡下車？我們也沒有傘，你在開玩笑嗎？」

大家不知該如何是好，愣愣地坐在車上，而部長開始緩慢整理行李。於是，我們一行人兩手拎著大行李箱和包包，踩著水行走在陸地上。這一刻，連專業的主要負責人也想不到其他解決方法，大家一起拖著行李走向住處。我們拉的不是行李箱，離家二十小時未能休息的身體，彷彿比行李箱還沉重。

拖著行李和疲憊的身心走在雨中一小時後，終於抵達住處。宋次長經歷人生第一次的疲困，趕緊卸下行李、換衣服，便躺在床上就寢。無關時差，一倒就睡。

隔天早晨，溫馨的氣息環抱全身，輕輕睜開眼。平日早上感受到溫馨氣息是不祥的徵兆，而且令人傷心的是，預感是不會錯的。沒錯，她遲到了。

不過，這裡是坎城，今天是出差旅程中最悠閒的一天。放心地深呼吸後，想起昨天的洪水事件。立刻跑到窗戶旁拉開窗簾。

真不敢相信（unbelievable）！天氣如此晴朗，不敢相信昨天會發生那樣的洪水事件。坎城克服昨晚的痛苦，全身散發出閃亮的光芒，總感覺這次出差的成果會很好。

放寬心後，現在才想到該做的事。跨過前一天未能解開的行李箱，依序拿出行李，將準備好的三套正裝和兩套休閒裝拿出來掛上衣架；將每次來到西方國家都會變得超好吃的韓國杯麵排列在餐桌上；將化妝品整齊放在鏡子前，而不常用的物品一樣留在行李箱裡。

看向窗外享受自由時光，想起這裡是法國，試著感受法式氣息。可是，出差就是出差，情感不易滲入。工作太久，河水都乾枯了。出差之際，幾乎是萎縮了。

雨過天晴的坎城早晨。

突然群組訊息聲響了。正想著是誰那麼勤快，馬上想到那位預約機票和住宿的出差負責人。

「即將前往場地勘查，請各位十一點半前到大廳集合。」

今天的主要工作是「場地勘查」。展售會從明天開始，所以今天勢必要確認展位是否準備完善。展位是指活動現場依產業類別分配的會議空間，需要提前確認是否依要求設計；是否配置桌椅和電視等設備，以及從韓國寄送的宣傳品或紀念品是否已抵達。這個過程需花費大約兩小時。

到了十一點半，一行人聚在大廳，平常都是部長最晚下來，但今天反而是偶爾勤勞的部長最早到，並迎接每一位成員，成為懂得照顧其他人的「天使」部長。不過，「sense」稍嫌不足。一個有sense的部長應該要最晚上班和最早下班，以及最後一個抵達約定場所。

節慶宮（Palais des festivals）。

一行人一同前往活動現場「節慶宮」（Palais des festivals），即「坎城電影節」鋪紅毯的地方。抵達活動現場後最先做的事是領取徽章，徽章是進入活動會場的門票，提前線上申請後，以名片確認身分即可。

終於進入會場，雖然每年都是同一個位置，設計皆差不多，但進入會場前最為興奮與激動，如同旅行「前」最為興奮般。展位位置是P-1 E72，不愧是世界最大的文創市集，參加者的規模也是世界最大。經歷各種迷路後，終於找到隱密的E列72號。看到鮮明的公司LOGO，真為我們公司感到驕傲。

暫時得意後，四周滿滿的行李映入眼簾。主要負責人雖有同樣的想法，但果然還是最先起身整理行李，暫時坐著發呆的宋次長也緩緩起身幫忙。整頓桌椅，拿出從韓國寄過來的宣傳品，並發送到指定席。新作品或人氣作品的宣傳冊要放最上面，其次依序往下放。接著，將存入隨身碟的作品宣傳影片插入電視，確認是否正常播放。透過無限重

參展證。

展位及布置。

從購買者手中收到的禮物，是刻有宋次長英文名的隨身碟。

複播放影片，藉以吸引購買者的目光，以及拿出紀念品，一一貼上公司ＬＯＧＯ的貼紙，這次準備了隨身碟及文具等實用贈品要送給購買者。雖然慣例是由銷售者贈送紀念品，但偶爾也會收到購買者給的紀念品。

環繞展位四周，現在差不多可以結束了。明天起的三天，從早上十點到晚上六點，每三十分鐘一輪，要在這地方進行會議。三天都只能待在展位裡，所以到哪出差都無所謂了，無論是香港、新加坡及國內的ＣＯＥＸ，整天都關在展位裡開會，所以為什麼要翻山越嶺來到坎城受苦，真叫人委屈。明天起，我們沒有所謂的「坎城」，能感受到這地方的時間僅有今天，唯有這一天。

整理完已是下午兩點，現在開始是自由時間了。這時候通常是大家一起觀光，培養團體合作默契。聽到部長說：「要去哪裡，才會讓人說很懂玩呢？」宋次長想起部長的年紀。最後，我們決定去「昂蒂布」（Antibes），位在坎城與尼斯中間的休憩地，以「畢卡索美術館」聞名，坐火車只需三十分鐘。

到昂蒂布度過愉快的時光，回到坎城，太陽徐徐落下。部長很有「sense」的在時間未晚之際回到住處，讓我們一行人回到房間，擁有各自休息的時光。我們需要獨自安撫心靈的時間，以面對明天起的行軍活動。

宋次長洗完澡後開始準備明天的會議，確認筆電是否正常充電，拿出明天要穿的正裝，檢查儲存重要會議資料的隨身碟及檔案。突然門鈴響起，應聲「Hello」後，聽到後輩的聲音：「前輩，是我。」宋次長打開門，請她進房，問她有什麼事，她說需要一些建議。這是她第一次參加展售會，不知道該如何跟人談判。

宋次長習慣前一天早睡，以便做好狀態管理。不過，現在看到後輩，她想起自己第一次參加展售會時，看到購買者不知道該說什麼，以及要做好哪種心理狀態，並該以什麼樣的方式開始談條件等。於是，宋次長決定即使犧牲部分睡眠，也要盡力傳授自己所知的談判技巧。

因此，宋次長開始說起自己的故事。所謂的「談判」，是以產品和情報為基礎，並「動搖對方的情感」。

現在，就讓我們來聽宋次長的故事吧！

PART

1

如何留下好的「第一印象」？

留意態度、地點，見面三次就要有結果

1 一開始就留下好印象，後續才會輕鬆

若做好「鞏固第一印象」的球，即可縮短緊接在後的談判時間，得到的結果也會比較滿意。

不久前，部門招入一位新成員，平易近人，態度又好，經歷也很豐富，是一位很受前輩們關注的後輩。大概過了一個月，後輩前來請求幫忙。原因是部長下達一個任務給他，要他在部門成員面前發表過去在前公司做過的案例，但他不知道該準備到哪種程度，於是前來求助。

「你一定要做好，我們公司只看第一印象！雖然其他同事可能會說『隨便做做就好』，但他們在你發表時，一定會瞪大眼睛看著你，所以一定要做到最好！充滿靈魂，壓縮過去的經歷，全部發表出來就可以了！這也許是決定職場生活的重要時刻。記得『第一印象是永遠的印象』！」

我態度積極地想給後輩建議，彷彿一個人全心投入於獨角戲中，後輩似乎有點嚇到了。

不過，他打開心胸接受我的建議，完美準備報告，讓部門成員驚嘆連連。看到他，我心裡也很得意。我想，他已順利通過職場生活的第一關，往後一定也會做得很好。

這話非恐嚇，也不誇張。在公司或因工作來往的交易場所，無論對方是韓國人或外國人，「第一印象」的比重占非常大。**俗話說：「好的開始是成功的一半。」第一印象好就成功了一半**。因此，開始第一次交易時，若做好「鞏固第一印象」的球，即可縮短緊接在後的談判時間，得到的結果也會比較滿意。

假設達十分滿分才能簽約，若倚靠第一印象取得七分，後面只需要再努力三分，方可完成簽約。但若第一印象僅得三分，則必須在本來就困難複雜又要求耐心的正式遊戲裡得七分。如果是以「減分」開始，那更不用說了，是最糟糕的情況。

向我尋求協助的後輩也是一樣，他往後還有二十年以上的職場生活，但因為他兩週來努力準備發表，扎實留下第一印象，往後的生活確實過得比他人好。即使途中有些做不好，其他人也會出現「啊，他本來都做得很好，看來最近是有什麼事發生吧……」的反應。

談判也是同樣的道理。稍微做一些球讓對方留下好的第一印象，剩下的過程會比想像中「容易」（Game Over）。

營造好的第一印象，共分三階段

談判時，決定第一印象的因素有哪些呢？

- 是否對自己銷售的商品有自信和堅持？
- 是否展現協助與誠實的態度？
- 在業界裡是否有影響力？
- 是否令人感到信任？
- 對人是否充滿善意？
- 是否有人情味？

一開始就同時展現出這樣的姿態，並一次性籠絡對方到自己這一方，是短時間內打入對方心坎的前進戰略，初期即向對方立下「自己是一位好夥伴」的認知。

先「拉攏」後，再以對商品的自信為基礎，推開對方，若對方不接受提出的條件，也可以一邊移開腳步，一邊拉近彼此的距離，這便是談判。

要注意的一點是，第一印象並非一定是指「第一次見面」。鞏固第一印象的時機，我分為三階段：見面前、第一次見面和第二次見面。經歷兩次見面，某種程度上會固定對方的認知或評價，這樣的思考方式稱作「確認偏誤」（僅在意自己的價值觀、信念與判斷等複合資訊，無視其他的資訊）。

那麼，拉攏的強度要多強才好呢？假設滿分是三分，見面前是兩分、第一次見面是一分、第二次見面則建議是三分。**從見面前開始用力拉攏，第一次見面時則稍微放鬆，第二次見面時要用「最強的力道」來籠絡對方。**

2 誰先聯絡，決定應對方式

藉由見面前的應對，促使對方產生「更想要交易」、「負責人真令人滿意」的心情，那就算是成功了。

接下來，來探討見面前，該持有什麼樣的態度吧！

有一部電影叫做《他其實沒那麼喜歡妳》（He's Just Not That Into You），女主角「琪琪」用一句話總結為戀愛苦手。聯誼的男人沒有聯繫她，她便自我安慰，認為對方一定是發生了什麼事情，更因對方的一句話、一個動作，持續抱持希望，認為對方對她是有意思的。但那個男人終究沒有聯絡女主角，因為他並未愛上她。

不久前，我重新用手機觀看這部電影，嚇到了，好像在哪裡看過這種人，沒錯，我就是「琪琪」。當男人常稱讚我，或給予共感並安慰我時，我就會誤認為他喜歡我。不僅感謝他，我心中的愛也如棉花糖般膨脹，一個人戀愛又離別，重蹈覆轍，直到某一刻憤怒爆發，促使對方覺得荒唐。

然而，藉由陷入「錯覺泥淖」的經歷，我確實知道了一件事：他如果對我有意思，一定會先聯絡我。

談判裡也有先聯絡的一方。口渴的人必然會挖井水，**故先聯絡的一方可能看起來更想要交易**。假如對方沒有聯絡，並非因為我們公司太龐大不敢聯絡，也不是因為不知道聯絡方式，更不是因為負責人太小氣，只是因為對我們公司或商品沒興趣罷了。

因此，以「先聯絡對方」及「對方先聯絡」這兩種情況而言，有各自的策略，我稱作「孔雀」與「花」（flower）策略。

當我方先聯絡時 不認識也無妨，多展現「優勢」就對了

你知道為什麼公孔雀比母孔雀的花紋更華麗嗎？因為公孔雀負責求愛。打個有趣的比方，男性的「三角星」（即賓士車的商標）汽車等同於公孔雀的「花紋」。公孔雀向母孔雀求愛時，翅膀打開，炫耀自己的華麗象徵。

談判時，如果我們先聯絡對方，也要像公孔雀般炫耀自己的華麗。對方和我們相比，不如我們迫切地想要交易，甚至可能不知道我們的存在，因為他們若願意交易，早已聯絡我方了。所以這時候，我們應學習公孔雀開屏表示「請看看我」，引起對方關心。

我被分發到國際事業部時，第一個負責的區域是「新市場」，也就是還未形成市場的「新興市場」，主要為歐洲、獨聯體國家（CIS）、大洋洲和非洲地區。雖然近期受BTS、《寄生上流》和《魷魚遊戲》影響，韓國影視作品的認知度提高，但當時播放韓國連續劇的電視台非常少，以致當地人民對於韓流認識不足。

我感到非常難過。我那時是對工作與職場充滿熱情的三十歲出頭，既無交易，送出的郵件也未獲得任何回應，漸漸欲求不滿，彷彿是成了等丈夫歸來，結果變成石頭的望夫石，我的心情一直環繞在信箱的「確認收信匣」，待著不走。

難道沒有其他辦法嗎？深思熟慮後，我決定變成一隻公孔雀。我誠心誠意製作介紹資料，並發送給各國的電視台或電影發行公司，介紹自己與MBC電視台，讓對方知道他現在是跟「誰」對話，並對我們產生信任。我寫了自己的履歷、負責的國家與銷售紀錄，以及留下社群平台的帳號，透過「按讚」累積親近感。另外，也附上獲獎的獎狀，表示本公司在韓國是具有極大威望的電視台，如何引領韓流至全世界，在各個國家銷售哪些影視作品等，展開「華麗的花紋」。

就這樣，我將製作好的資料以附件寄出。基本上因為沒交易過，所以大部分都沒有聯絡方式，不過，我翻閱去年的場刊，收集各家地址，仍發送超過百封郵件。

突然地，慢慢開始上鉤了。雖然對方未曾購買過韓國的影視作品，但得到他們的回覆，說希望提供作品介紹與宣傳影片以利檢討。雖然韓國人演出的連續劇對當地人來說可能有點生疏，不過他們考慮購買重製權，以代替播放權。當然也有很多「已讀不回」或「不讀不回」的狀況，不過，以一百封為基準，有兩三封回覆便是成功。

後來，時不時冒出回覆時，我就像一名收到情書的少女般，非常開心，並誠心誠意地回答提問，努力尋找他們可能會有興趣的作品寄過去，並在新作品出爐時，除了公司的官方宣傳資料，另外製作分類資料一併送出，以表示我的真心。於是，漸漸地加深我及公司的存在感。

成效一點一點顯現，開始有企業要正式談條件了，最終促成與第一次認識的企業簽約，售出連續劇重製權至烏克蘭、俄羅斯和波羅的海國家（Baltic）等地區。

當對方不看我們一眼時，便要像公孔雀般，積極展現自己的花紋。此時適合展現給對方的花紋如下：

❶我與公司的影響力（企業威望、規模、實際業績、人脈等）。

❷真誠性（資料提供、對提問或要求誠實回答、協助的態度、信賴等）。

❸人情味（親近和善意的態度、好印象、自信心等）。

由此一看，公孔雀的求愛和銷售者的營業，在某些層面上是相似的。

當對方先聯絡時 不用過度拉攏，但配合度要高

相反地，如果是對方先聯絡的狀況，該用哪一種策略較好呢？即「花」（flower）策略，換句話說，是學習花的行為。

花不會動，但具有花粉，隱隱散發出香氣，引誘昆蟲。

假設對方先主動聯絡，我們該做的事情是隱約又誠實地面對其提問或要求，

因為對方是對我們的「作品」感興趣，故而主動聯絡，對敝公司有一定的認知。因此，無須像公孔雀般積極展現自己華麗的花紋。此時，與其「拉攏」，「不推卸」更為重要。換言之，只需留下「配合度高」的形象即可。

若太過積極，對方反而有可能退卻。假設對方要求一分的資訊，那就給一分，無須掏出二到三分。

談判過程中，必須注意要適時隱藏「渴望交易」的內心。當對方知道你的渴望時，他將站在「甲方」位置，提出一堆條件，使渴望的一方不得不配合答應。由於一開始就居於有利地位，只要像朵花般靜靜地待著，對方會如昆蟲般主動靠近，我們要懂得利用此狀況，直到交易結束都要仔細掌握平衡。

先聯絡我們的人，現在是什麼心情呢？答案是一半期待，一半害怕。每個人都害怕被拒絕，所以請溫暖對待鼓起勇氣聯絡的那一方，別讓他受傷甚至關起心房。除了表現出想要成為他的好夥伴，以提高其對交易的期待感之外，也要盡心盡力回答問題。**唯獨有關作品製作費或簽約金等「數字」問題，要避免回答。因為談判結果歸咎於數字，太早說出來等同於我們先翻牌**。雖然告知大概的市場價沒關係，但具體金額，要等到正式開始談判時再說會比較好。

還有，別只接受問題，也要回問對方，如：索取介紹資料、詢問對方對韓國影視作品感興趣的契機、是否曾收購韓國影視作品，若有收購過，其收視反應如何，以及往後的作品收購計劃等。不僅藉機收集對方的相關情報，也展現關心，表現出想合作的一面。

溝通基本上是一場「桌球遊戲」，別像一塊海綿，單方吸取對方的關心，還要以關心及好感，自然回饋對方，相互作用。談判不是單方面的大型電玩機台，而是雙向性的桌球遊戲。因此，在對方先聯絡的情形下，我們要如花朵般隱隱散發出香氣，溫暖擁抱對方。

本篇介紹兩種見面前的應對方式，即「孔雀」和「花」策略。如前述，這兩種方式皆位於「見面前」階段，拉攏的強度是滿分三分的兩分為合宜。雖然花策略在方法論上，比孔雀策略消極，但若以這兩種方法都要在對方心裡留下相當強烈印象的層面上來看，其拉攏強度是差不多的。

藉由見面前的應對，促使對方產生「更想要交易」、「對這個企業更有好感」，以及「負責人真令人滿意」的心情，那就算是成功了。

一般常有人誤認「初次見面」等於談判的開端，但是，**請記得：種下第一印象的階段是從見面前的「事前應對」開始，這時一定要留下好感，初次見面才會更順利。**

3 選對「地點」，才能事半功倍

我建議，第一次見面在正式的會議室裡，第二次見面則在非正式場所裡進行。

第一次見面 重點在「問候」，請準備最好的會議室

終於來到第一次見面了，真的很感謝對方肯過來。那麼，見面場所約在哪裡比較好呢？請堅守公司裡最大最好的會議室吧！

站在對方的視角看，初次見面一定非常緊張，雖然已透過電子郵件和通話提升對該企業的好感度，但真的要見面時，還是一半期待，一半害怕。抵達公司，看到聳立的大樓，公司似乎比想像中龐大。隨著指引，來到九樓的大會議室，前腳踏進的那一瞬間，莫名感到一股壓迫的氣勢。簡潔龐大的會議室加上時尚的設計、光亮的照明、高椅背的皮革椅、兩排並列的座席配置，以及準備好的飲料和紙筆等，彷

佛將展開一場高峰會議。

與負責人互換名片，手用力緊緊地握住。看到對方的公司規模，莫名有點畏縮，不自覺地立正站好，更認真傾聽對方說話。除此之外，心中也會想著，對方為了這場會議，準備這麼好的會議室，也能感覺到備受尊重。雖然心理上有壓迫，但又很興奮，兩種情感交織在一起，讓人產生應不負期待的想法，因此表現出更有禮貌的合作態度。

彼此問候後，開始第一次的會議。由於尚未了解對方的真實想法，即使做出各種反應也想要獲得一點提示。可是距離太遠，無法觀察對方的眼神或表情。從見面前的誠心應對，到現在的仔細聆聽，雖然確實對我方有善意，但仍無法輕易確認是否有簽約的想法。感覺上仍有一條看不見的界線，若真的想要交易，我應該要更積極主動一些。

好的。現在回到我方的視角。

依前文所述，種下第一印象的時機分成三階段，分別為「見面前」、「第一次見面」和「第二次見面」。其中，**我建議第一次見面在正式的會議室裡，第二次見面則在非正式場所裡進行**。「拉攏」的強度若以三分為滿分，「第一次見面」為一分，「第二次見面」則是三分（「見面前」則是兩分）。

你可能會疑惑：「為什麼第一次見面的拉攏強度是一分？第一次見面不是最重要的嗎？」當然，第一次見面非常重要，但拉攏強度不代表重要程度。談判中，沒有一個階段不重要。這裡的意思是指，在第一次見面時，稍微降低一點強度，因為彼此在這時若維持「心理上的距離」，能有效產生緊張感。雖然透過見面前誠心的應對，已形成一定程度的親密感，但仍需要時間客觀探索對方。因此，保持一定距離，以客觀的態度進行會議較好，不能顯露過度的情感或交易的迫切感。也就是說，**「節制」是第一次見面的核心重點**。

你可能會疑惑，「劃清界線」的感覺不會促使對方卻步嗎？不用擔心。因為見面前的誠心合作態度已形成「投契關係」（在溝通中與對方形成親密感或信賴關係），所以不會造成形象損失。另外，維持客觀的態度，也能給對方留下不輕浮且可信賴的夥伴印象。而且，不明確規範彼此的關係並蒙上面紗，則有空間讓對方想提前揭開面紗。

第一次見面即代表相見禮，彼此介紹、打個照面就足夠了。具體的業務協議等會議結束，透過郵件往來或事後追加會議再正式開始。經由第一次見面促使對方產生「我想更了解這個企業」、「我想再跟這個人見面」和「不知不覺更信任及有好感」的想法，就算是成功了。

第二次見面 約用餐，目標是「和對方成為朋友」

第一次見面若滿意，對方就會邀約第二次見面。那麼，第二次見面的場所要在哪裡較好呢？

有一部電影叫《午夜，巴黎》（Midnight in Paris）。和未婚妻一起到巴黎的男主角「蓋爾」獨自走在夜路上，遭遇時光倒流，回到一九二〇年代並愛上一位名為「亞得利亞娜」的女人。

好像有很多人會在旅行途中陷入命運般的愛情，或是在路上一見鍾情，又或是與原以為是朋友的對象墜入愛河。

想透過聯誼或相親遇見緣分，比想像中不容易。當你制定戰略並下決心「要墜入愛河」，可令人難過的是，事實上根本無法墜入愛河，為什麼呢？因為把對方想成可能是未來的配偶，所以會睜大眼睛仔細看，對方一旦說話稍微偏離自己的標準，馬上就會被淘汰。因此，回家的路上只剩下空虛和挫折。然而，在未考慮計算的狀態下，愛情又如交通事故般出現。歷史就這樣自然地形成了。

不僅是愛情，談判也是一樣的。下定決心坐在桌前想著「我們來談判吧」，充滿力量卻常常未達到目標，變成氣勢鬥爭，且未能打開對方的心房，彼此衝撞一番便結束了。

因此，你和談判對象需要在自然的氛圍裡互相了解彼此，理解各自的處境，一點一點吐露心裡的想法，打開心房。

第二次見面正是「了解彼此」的好時機，第一次見面在會議室的正式氛圍下進行，第二次見面則在非正式的氛圍裡進行較好，而且這時的拉攏強度為三分，也就是要**使出全身的力量**。

脫離會議室，可以約下午茶或吃飯。**第二次見面的目標是跟對方成為朋友**。一起喝杯茶或用餐，聊聊對方的興趣、關注事物、公司生活及工作的辛苦等個人話題，盡量不要提起有關簽約的事。偶爾提及沒關係，但整體的氛圍以朋友話家常的方式為好。

請注意一點，預訂餐廳時，一定要掌握對方的飲食愛好，尤其一定要知道對方不能吃的食物，例如：泰國人受宗教影響，大部分不吃牛肉。若不知道這一點，從自己的角度來看，以「最好的食物」招待對方，預約韓牛餐廳，結果整盤韓牛都塞入自己的口中，對方只能吃小菜，那是最糟的狀況。

話說回來，為什麼非正式的見面比較好呢？

❶易形成如朋友般的氛圍

離開生硬的會議室，簡單喝杯茶聊天或用餐，提升親密度。一旦形成共感帶，對方不再是「另一方」，而會是「夥伴」或「我方」。

安托萬．迪．聖—修伯里（Antoine de Saint-Exupery）曾說：「愛情非互看，而是看向同一地方。」這裡的「愛情」換成「談判」也一樣通用。談判並非為了與對方互看，而是並肩站在同一地方，注視著同一個交點。當然，過程中不免有「推拉」現象，但絕不能在休戰線間拿著刀槍相對。

❷有利於掌握對方

一起喝茶或用餐形成平靜自然的氛圍，有助於對方放下緊張，顯露自己。這時候也有利於觀察對方，透過身體語言，可輕易知道他對某些話題的反應，聽到哪些議題會睜大眼睛，以及致命弱點為何。

談判中，越了解對方越有利，俗話說：「知己知彼，百戰百勝。」

❸可顯現出人情味

為了在談判中有效使對方產生善意，絕不能忽視人情味的魅力，事實上，人情味比想像中來得更重要。即便使用同一種談判技巧，可能對某些人有效，但也對有些人是無效的，而決定因素常與「人情味」有關。因此，必須藉由第二次見面展現自己的能力，這種時候，在喝茶或用餐的場合裡進行，較容易展現。

因此，我們能透過非正式見面與對方結交為「麻吉」，離簽約就又更近一步了。如果對方沒有簽約意願，單以這種嘗試，不太可能完全改變他的意向，**但如果**

對方有某種程度上的簽約意願，當他在我方跟其他公司相似作品間猶豫之際，選擇「麻吉」的作品可能性較高。

以上為「營造第一印象」的階段，經過見面前、第一次見面和第二次見面，共三階段後，第一印象將牢牢烙印在對方心裡。所以，在完成第二次見面之前，都要盡全力抓住對方的心。這對於往後的簽約之路，彷彿是在起伏不平的石頭路上，設置自動手扶梯，意味著未來將暢行無阻。

Column

眼神決定一切，太渴望就輸了

讀到這裡，是否出現這種想法：「原來，連地點都要這麼仔細選嗎？不能差不多就好嗎？」當然，適當地做沒人會說什麼，但談判是比想像中需要花更多專注力和體力的工作。付出真心誠意後看到「數字」，會產生不同的結果，便可知道它也是不得忽視的工作。

由於工作時要花很多體力，平時我是較放鬆精神生活的人，畢竟人類集中注意力的精力有限。所以，在日常生活中也常聽人說我是「呆萌」，即與人交流時，不追究實質利益，也很容易期待且相信他人。因此，平常我總感覺常被敲詐。

某天，我到家附近的賣場買腳踏車。四處觀看時，店員靠了過來。

「請問有要找哪一型腳踏車嗎？」

「嗯，我想要買城市型的腳踏車。」

於是，店員在一整排腳踏車裡拉出一台，說是適合女性騎的款式。一看到它的瞬間，我就對它一見鍾情了。如果要我親自設計一台想要擁有的腳踏車，就會跟它一模一樣。

我有一個特性，那就是「眼神會說話」。由於個性喜好分明，所以在喜歡的人事物面前，眼睛會瞪大且一閃一閃發亮；相反地，對沒興趣的人事物則無感，眼神不會有交流。說我是以「眼神」說明一切情感的人也不為過。

但如果是工作上的談判，我會馬上繃緊神經，**因為在交易過程中顯露出「迫切感」的那一刻，就會失去談判優勢**。但現在不是工作，而是日常生活，所以我果然又用眼神說明了一切。

我不加思索地脫口而出：「哇！真的太滿意了！我要這個！多少錢？」

我看店員的眼睛閃閃發亮，再加上遇到「理想型腳踏車」，沒有討價還價，馬上全額支付將腳踏車帶回家。推著腳踏車，如將軍凱旋般，我走在回家的路上，突然閃過一個念頭：「啊，會不會決定得太快了？」不過，因為得到想要的腳踏車太開心，便決定不再去想這種沒有用的事。緩慢走著走著，我開始回過神來，稍微緊張地打開手機，進入價格比較網站搜尋後，馬上嘆口氣：「啊，如果可以回到十五分鐘前就好了。」

隱藏內心的渴望，才有機會講價

如果是平常的談判，我在十五分鐘前會這樣行動：

「您看，這台是最適合女性的車型。」

「天啊，完全是我的菜！」但眼睛瞇著，漠不關心地看著它。

「顏色很漂亮，設計也很好看，人氣很旺。您看，輪胎也有裝置防滑功能。」

「嗯……是還不錯。」

「若是購買這台，我可以贈送您一個『置物籃』。對比這個價格，它真的是很優秀的商品。」

「但我的預算不多，請問這台多少錢呢？」

「啊，這台三萬元。」

「（突然驚嚇）什麼？三萬元？」

「啊啊，原價是三萬元，但我可以折扣到兩萬五千元給您。」

「原來如此……我的預算只有兩萬，真可惜。」

「這真的是最低價了，那算你兩萬三千元好了！」

「嗯，了解。」

這時，賣腳踏車的店員也一起陷入沉默。

「雖然有一點貴，但這也沒辦法，那就成交。謝謝。」（此時，不能讓對方產生虧損的感覺，直到最後都不要顯露很喜歡的樣子。）

查了網路之後才知道，這台是可以在實體店面討價還價，以兩萬元購入的商品。但因為我懶得耗費腦力，所以問也不問就以定價三萬元購入。十五分鐘之內，我了解到自己的失敗。雖然還是很滿意腳踏車，不過也告訴自己，就算是在生活中，也要活用談判技巧。

❝ 談判中，越了解對方越有利，

俗話說：「知己知彼，百戰百勝。」❞

PART

2

如何讓客戶滿意，成功達標？

把話說到心坎裡，十五個最好用的談判技巧

4 四種技巧，讓對方同意你的條件

當對方勢必要簽約時，便使用「以退為進法」；若相反時，則推薦使用「得寸進尺法」、「利用群眾心理」和「穿鑿弱處」。

從現在開始，要進入正式談判了。接下來，我們將一一探討在正式談條件的過程中，如何動搖對方情感。

在正式的談判中，最先要做的一件事：了解這份合約對另一方的重要性。根據這一點，策略可能完全不一樣。對方可能非常想要完成簽約，也有可能「可有可無」，或是坐著放空，呈現「我是誰，這裡是哪裡？」的狀態。

當然，這點不易掌握，因為對方會盡可能隱藏自己的真心。但如果透過兩次的見面，形成麻吉關係，則多少會有些感覺。那麼，以下兩種情況，分別該使用何種談判策略呢？首先是對方必須要完成簽約的情況。

當對方迫切要簽約時，可採用「以退為進法」

此時能用的策略之一是「以退為進法」（door-in-the-face）[1]，直譯為「在面前關上門」，意指對方進到我方的時候，我方先在面前關上門，事後再一點一點將門打開。對方一開始遭受到拒絕的衝擊後，會因為感謝我方事後些許的退讓或釋放的善意，而提高同意條件的機率。例如：一位富二代被賞巴掌並說：「妳是第一個這樣對我的女人！」後來愛上這個女人，這般灰姑娘的故事係屬以退為進法的一種。

幾年前，我曾負責與亞洲最大的影音串流服務平台（OTT）之一的D社簽署續約。那是一份以兩年為期限的大規模合約，光是談判就耗費數月。因著兩年前的第一次簽約，使我們公司的作品能在D社平台播放。如今，這份合約即將到期，需重新討論續約事宜，而我是續約談判的組長。

當時，D社因購買韓國影視作品，在亞洲有很不錯的成效，我們公司的作品

1 是一個主要出現在社會心理學中的討價或談判方式。勸說者透過提出一個會被拒絕的離譜要求，來讓被勸說者同意第二個較為合理的請求，如此做，會比單獨提出「合理的請求」更容易被接受。

對他們的成效也有所貢獻。因此，不管如何，他們一定會想跟我們續約。掌握住「簽約對另一方來說有多重要」，算是達成第一項目標。然而，我們的立場也不是能自在地靜觀其變，我們同樣非常需要跟D社續約。因為其他國家的韓流情況不如從前，所以我們非常迫切需要藉由與D社的續約，以確保銷售額的增加。

不過，因為對方希望續約的關係，讓我決定使用「以退為進法」。這裡先簡單說明當時的市場狀態。那時，正是世界最大規模的OTT平台N社，開始猛烈席捲全世界的時候。雖然當時N社也有在韓國設立服務，但我們公司尚未開始與N社的交易，而國內部分公司已經開始提供作品給N社，其費用超越當時的市場價，消息傳遍整個產業圈。由此可見，N社為了在韓國市場立足，花費了龐大的資金。因此，我決定在跟D社談判時，利用這樣的市場狀況。

當時，D社已跟和我方規模相似的電視台完成續約，確定價格由一〇%提高至一五%，而我們公司的合約到期時間比其他公司晚約六個月，所以知道其他公司的漲幅率對我們有利。我們只需要以比他們更高的%數簽約，即是成功。即使D社考量到談判的餘地，我們仍預計首次提案至少要提高三〇%。

但我打算從一開始就關上門，並要求「百分百的調漲」。寫完調漲案，按下送出的那一刻，我的手指在發抖，但我內心很肯定。除了其他憑據以外，我也考量到當時N社購買韓國影視作品的花費非常龐大，因此我判斷這絕非是無理的要求。但N社和D社的產業規模有所差異，我知道D社接受提案的可能性非常低，而且其他相同規模的電視台公司都已經完成簽約，所以也並不期待他們只給我方這麼好的優待。其實，我的最終目標是比其他公司多出兩三倍的「三〇％漲幅」。但若一開始就提出三〇％，最後的結果將會跟其他公司差不多。因此，我提出令人衝擊的一〇〇％調漲案，大力地把門關上。

我能想像對方收到調漲案後，瞪大眼睛的表情，果然他們的回應是「無法置信這個金額」，並且強力要求我們重新提案。他們使用的詞彙是「無法置信」（unbelievable），但傳達出的語意是「你瘋了嗎？」（Are you crazy?）。

離合約到期大約剩五個月，仍有足夠的時間，所以我決定暫時維持這個姿態。我在他們對這個意料之外的要求，不知如何是好的時候，使用「僵持」策略。我們從一月初開始討論，彼此不分伯仲，僵持到三月底。這三個月，我們各自持有自己的主張，無法縮短彼此的差異，時間就這樣過了。不過，我還剩兩個月的時間。

四月初將舉行坎城的MIPTV展覽，我在出國的前幾天聯絡對方，告知他們我在參與MIPTV活動期間，可能會忙到無法回應，請求對方諒解。表面上是在告知自己不在崗位的時間，實際卻是為了探聽他們是否也參與MIPTV，若他們有參與，我打算藉由許久不見的面對面會議，舒緩彼此的氣氛及扭轉情勢。

然而，他們本就未曾參加過MIPTV，這次也不例外。對方的回覆是如有需開會，他們可在那之前出差到韓國一趟。他們這是在試探我方開會的意願，而我的回答是，因本次出差預計與本部長同行，正在忙碌準備中，無法騰出時間與他們開會。於是，他們說聲知道了，便爽快地掛了電話。

再兩天就要出國了，準備出差的過程之際，我正煩惱：「之後要怎麼跟D社反轉局面？」的時候，訊息來了。看了一眼，是D社負責人傳來的。大致上的內容是他們也決定要去坎城了，希望能在那裡見面。我的心臟蹦蹦跳了一下，心情就好像是從想要好好表現，卻沒表現好的曖昧男那邊收到「睡了嗎？」的訊息。

是什麼改變了D社的心意？答案是從我方得知「本部長」也要去的消息。我向他們提及並強調這一點，間接說明本次出差的重要性。他們本來就擔心我們可能會與N社結盟取代自己，所以知道這次出差有重要會議，得知本部長會同行後，突然緊張起來。因他們誤以為這個重要會議是我方與N社的交易，所以抱著必死也要阻止該交易的決心。但其實我們一次都沒有跟N社見過面，這次的MIPTV也未發生這種事。

距離好幾個月，終於在坎城與D社相見了，對話非常直接，我期望的轉折點來了。我們確定彼此的立場差異後，慢慢縮短間距，調整條件，最後以我期望的三〇％漲幅續約。

因此，當對方的情形是勢必要簽約時，可用「以退為進法」。一開始先建一道銅牆鐵壁，使對方受衝擊後，接著在我們微小的蹤跡上設置雷達，讓對方可以輕易得知我方的行蹤。從此刻起，談判即可依照我們想要的方向流動。

那，如果對方並未迫切地想要與我們簽約，則該用什麼策略？舉例：若要將作品賣給韓流尚未普及的國家時，我推薦下列三種方法：

❶得寸進尺法——先略施小惠，再乘勝追擊

這是「腳踏入門檻裡」的策略。人們難以輕易拒絕小請託，或許聽到他人向自己借一百萬元時會退縮，但如果是拜託借出一萬元，則會欣然答應。因此，先讓對

方同意釋出一點小善意後，再要求真正想要的，由於對方的心理防線倒塌，故同意的可能性會提高。「得寸進尺法」[2]為談判用語之一，其方式是先踏入腳，再漸漸進入門內。

以我提到的案例來說，具體適用的方式是在韓流未普及的新興市場裡，「免費提供」價格低廉的舊劇或紀錄片等作品，或僅收成品加工費，給予「低價」。站在對方的立場，因無須支出收購作品的費用，可消除須以廣告收益填補支出的負擔。若是成功，當然很好；若是失敗，也是不錯的嘗試，並沒有任何費用的損失，可免去債務責任。

如果試驗的作品贏得觀眾喜愛，這時我方再追加「原價販售其他作品」的提案即可。先部分踏入，溫暖其內部後，再投入全身。我方則可透過這個方式，在該國家裡漸漸擴散韓流。實際上，數年前，我們曾以接近免費的金額，提供連續劇給日本富士電視台（Fiji TV），也多虧這番作為，我才能於負責期間完成與該電視台的後續簽約。

透過近期OTT平台搶先進入市場的情況，以及站在我方的立場，同樣能以「得寸進尺法」解釋。國際OTT龍頭們在購買版權時，雖然通常是以「全世界」

為對象進行，不過就我們而言，他們是負責宣傳作品的角色。以《魷魚遊戲》為例，這部作品經由 Netflix 在世界各地播放，成為第一個販售至非洲的韓國影視作品。如果我們可以透過它讓當地國民熟悉韓國影視作品，即可以此為契機打入電視市場。

❷善用「群眾心理」——受歡迎的作品，最適合用來打先鋒

人們喜歡已經被認證的事物。大家都會盲目跟從人氣旺的人，因此，潮流人士繼續為潮流人士；非潮流人士則依然是非潮流人士，無限循環。這樣的現象皆和「群眾心理」有關。

不妨在銷售上利用群眾心理吧！宣傳已被韓流市場認證的影視作品，有助於減低對方的疑心。

我在新興市場裡銷售時，主要以韓流代表作品作為利器。舉例言之，集中宣

2是一種透過先提出一個簡單的小請求，來說服被勸說者同意一個較大請求的勸說方法。

傳已販售出八十個國家以上版權的韓流代表連續劇，或除了亞洲以外，也進軍歐美的人氣綜藝節目。站在購買者的立場，人氣已被認可的作品在風險上是較明智的選擇，可積極考慮購買。

如前述的《魷魚遊戲》，利用全世界對韓流影視作品的群眾心理，積極進軍電視市場也是不錯的方式。順水推舟，不用耗費太大的努力也能獲得好結果。當在新興市場進行銷售，且對方並非一定要簽約時，利用群眾心理是一個很好的方法。

❸「穿鑿弱處」策略——先聯絡知名度低的公司，慢慢擴大影響力

負責新興市場的國家時，心情多少會鬱悶，尤其遇到不曾交易過的國家更是如此，不知道該聯絡哪一家電視台、不知道負責人是誰，感到很無力。因此，我只好到各國家主要的電視台官方網站，努力找尋負責人的聯絡方式，開始寄送郵件。但大部分是沒有收到任何回覆，因為我從一開始的接觸方式就錯了。為什麼呢？

通常一個國家的主要電視台，當年度的播出排程有很高的機率已經排滿了，更何況，還有許多製作公司送出作品，等待被編入。再者，在世界影視市場引起新風

潮的土耳其和印度連續劇等，非韓國影視作品也陸續崛起，被電視台納入值得考慮編排的國外作品。於此情況下，即使我們公司在韓國被列為「頂尖」的電視台，這也不過只是他們的考慮因素之一，即N分之一罷了，經常是未點擊我寄出的介紹資料，便直接被丟進垃圾桶裡。

因此，進攻新興市場時，與其覬覦銅牆鐵壁的對象，不如先攻掠弱處較為有效果。我們要先接觸認知度較低的待發崛者，因為他們通常想要「一發擊中」，能透過作品，一舉提升電視台的地位，所以會更積極接受新的影視作品。而且與已獲得既有權的電視台相比，較能以彈性的方針收購作品，溝通的速度相對也較快。因此，只要能擄獲一部分國民的心，主要電視台也會漸漸開始對韓國影視作品產生興趣。只要擊中該國電視台市場的弱處，漸漸就能往強處發展了。

上述說明，是根據「簽約」對另一方的重要性，我方可實行的各種策略。總而言之，當對方勢必要簽約時，便使用「以退為進法」；若相反時，則推薦使用「得寸進尺法」、「利用群眾心理」和「穿鑿弱處」。

5 若不熟悉對方，先別提條件

當對方持有明確的交易標準，或我方不太了解對方時，千萬不要隨意拋錨，不妨先把鑰匙交給對方吧！

韓國混聲團體「城市札卡巴」（URBAN ZAKAPA）和韶宥唱的歌曲〈間隙〉（The Space Between），講述男女交往前彼此衡量情感並為此苦惱的心理，歌詞是這樣描述的：

男生：讓我看看我們間的距離吧！
女生：別急。
男生：露出一點線索吧！
女生：我好歹是女生。

男生希望女生若對自己有意思，請給他留點空間，他害怕急著告白會被拒絕。反之，女生從小到大都聽人說：「男生喜歡妳才會幸福。」所以盡可能隱藏自己的內心，並希望男生主動靠近，給予確信感。

此心理的基礎來自於，不想在戀愛時失去主導權的欲望，因為先確定心意說出「我們交往吧」的那一方，在這段關係中有較高的可能性會處於弱勢。在正式談判裡，也會展開這般激烈的交戰，「誰先說出交易條件」可能決定了談判的優劣勢。

後來，我們公司終於決定要提供作品給N社了。N社是世界最大的OTT平台之一，雖然我們過去以來對N社緊緊關上大門，如今要一點一點打開了。由此可見，N社在影視市場裡，是無法違背的大趨勢。

如果這樣，我方應以什麼樣的條件與N社簽約呢？與第一次談交易的企業談判是最難的，如果曾交易過一次，至少會有參考標準（reference），可依其標準開始談判。但跟第一次交易的企業談判時，常難以捉摸該從何處下手。何況，傳聞N社一口氣提出比當時市場價更高的收購金額，更難捉摸這樣的「一口氣」是到哪個程度，心境如在茫茫大海中漂流。雖說該拋錨了，但連是西海還是東海，皆無法得知。

此時要注意，你很有可能會拋錯地方，不能太靠近陸地，也不能下太深。換言之，不能低估對方，提出太廉價的金額，造成公司很大的損害；也不能誇大評估對方，提出超高金額，導致對方收起與我方交易的意願。這時，該怎麼做才好呢？誘導對方先提出條件比較好。

不熟悉對方時，先讓他提條件

N社已跟韓國各家電視台及製作公司簽約，因此多少也建立了他們在韓國市場的交易標準。在這個情形下，無論我們發揮多優秀的談判技巧，若非作品特別出色，待遇條件跟其他公司是差不多的。以對方的立場來看，在公司規模或作品價值差不多的狀況下，對某一企業給予特別優待，必然會與其他交易對象發生衝突。若對方未與我方簽署「獨家關係」，其條件不會有太大的差異。因此，僅需以相較其他公司，稍微高一些的條件簽約，便是成功。

因此，當對方持有明確的交易標準，或不太了解對方時，讓對方先提出條件較好（當然，也要透過各種管道收集資訊，以便判斷條件是否太離譜）。

若我方急於先提出條件，很有可能陷入贏家的詛咒（Winner's Curse），即設定標準錯誤，提出有利對方的金額，被對方占便宜。在這樣的情形下，我方會因為受到極大損失，而無法滿意談判結果。

因此，我請N社先提出條件。在尊重與信賴對方的影響力下，我想要了解他們的交易標準。

N社依照我的請託，根據他們在韓國市場交易的標準提出條件。為了彼此的信賴，甚至為了確保在韓國市場的可信度，他們不會提出太離譜的標準，但考量到談判的空間，必然會設定比一般更高的標準。考量到這點，我們可以推測N社在韓國進行中的交易條件。我提出比N社所提出的條件中，更高金額的反要約（Counter Offer）[3]後，經由調整，最終以比N社給予的條件稍高些的標準簽約。

3 指進行磋商中的一方，將原要約的內容加以擴張、限制或變更後，另一方予以接受的行為。

熟悉對方時，可由我方先提條件

因「定錨效應」（Anchoring Effect）[4]的關係，這時我方先提出條件較為有利。定錨效應，好比船隻躊躇在拋錨的周邊無法脫離，係指在對方的無意識上劃分界線，促使對方的思考陷入框內。

舉例來說，我拿出塵封十五年的駕照，致電給駕駛班，想報名駕駛課程。諮詢人員告知會有兩位教練與我聯絡，我只要在兩位中選擇一位滿意的教練即可。回答知道後，我繼續處理工作。事後發現兩通未接來電，我擇一回撥，反正有兩次的通話機會。第一位接電話的教練說：「您好，請問您要從何時開始上課？明天開始嗎？」我被嚇到了。原本想「先探究」第一位教練是否教得好，結果對方直接切入正題。我在慌張之中，不得不回答：「我明天不行，可以從後天開始。」所以教練回覆：「知道了，那就從後天開始吧。稍後我會傳帳戶給您，再麻煩您匯款。」我當然立即匯款且未能與第二位教練通話，錯失另一機會。

這就是「定錨效應」。假設第一位教練改以這種方式說話，會變成什麼樣子呢？「您好，感謝您先聯絡我。我會認真教學。」那我會衡量第二位教練的狀況，再依照自己的心意做選擇。然而，第一位教練把跟他上課的事情設為「既定事實」，提前拋下錨點，以至於我不能有其他想法。我猜想，第一位教練應該對銷售心理有些了解。

談判中，先提價格較有利的原因即「定錨效應」。向對方明確提出「下錨的點不是東海，也不是南海，是西海！」的範圍，則對方對談判的想法便無法脫離西海。原因在於不希望脫離談判協議區（Zone of Possible Agreement），導致談判決裂。總結來說，若問誰先提出條件較有利，答案是「根據不同狀況，有所不同」。

當對方持有明確的交易標準，或我方不太了解對方時，千萬不要隨意拋錨，不妨先把鑰匙交給對方吧！反之，若我方持有明確的交易標準，或非常了解對方時，則我方先拋錨誘導對方，較為有利。

---

4 人類在進行決策時，會過度偏重先前取得的資訊（這稱為錨點），即使這個資訊與這項決定無關。在進行決策時，人類傾向於利用此片斷資訊（錨點），快速做出決定。在接下來的決定中，再以第一個決定為基準，逐步修正。但是人類容易過度利用錨點，來對其他資訊與決定做出詮釋，當錨點與實際上的事實間有很大出入時，就會出現當局者迷的情況。

6 為什麼「雙贏」比占上風好？

雖然不用到五十比五十，一分不差，但只要雙方都覺得「沒有損失」，就是「好的談判」。

想起很久以前公司招聘時，當時選拔新進員工的程序有五個階段，其中第四階段是多方面的深度評鑑。在公司的研修中心進行兩天一夜的課題挑戰，那時是我出生以來，第一次了解到什麼叫做「頭腦爆炸」。其中一個課題是「談判」。

六名成員一組，每個人各自選定一個產業項目，並向其他五名成員說明並說服他們。目標是在總和限定的預算內，盡可能獲得最多的預算。人事部的負責人補充說明：最終獲得最多預算的人，將取得最高分數。

我們大約有一小時的時間準備，各自選定一個產業項目，並於另一小時內展開談判。這是一個了解自己選定的產業有多重要，以及知道它需要多少預算，並且說服組員的過程。過程中，成員們彷彿變身為史蒂夫・保羅・賈伯斯（Steven Paul Jobs，蘋果公司聯合創始人之一）或雪柔・卡拉・桑德伯格（Sheryl Kara Sandberg，現任 Facebook 營運長），真心對待自己的產業。但可能是氣氛過於熱烈，彼此之間開始產生分歧，偷偷對他人施壓，以不合理的理論作為主張，大家都想要透過這項課題，使自己離合格入選更近一步。這是一場「零和賽局」（Zero-sum game）[5]，必須奪取對方的預算才能獲勝。

我漸漸對自己的產業開始失去信心，好不容易想到的產業，因公益目的性大，預算似乎沒有想像中多。我在選定項目時，忽略了公益產業能夠藉由「捐款」來額外補足預算的這一點。反之，其他人的產業相對需要確保基本預算。因此，我不得不認同對方，最後將預算讓給他，我獲得的預算金額是六名中的第五名，幾乎接近最後一名，當時覺得自己因為這項課題，離合格更遠了。

之後一連串的過關斬將，最後通過最終面試，我被分配到的部門是人事部。人事部的新進員工有一項特權，就是可以知道自己的入選分數。因為人事部負責應

5「零和賽局」表示所有賽局方的利益之和為零或一個常數，即一方有所得，其他方必有所失。

徵招募，所有的紀錄都在回報文書上。我小心緊張地打開回報文書查看，瞇著眼看「誰給我最高分？我在哪一課題獲得較好或較差的分數？」結果，我嚇了一跳，看到了意想不到的分數。

當時的談判課題，我以為我表現得最差，如果落選，它將是最大的原因。但沒想到，這竟然是我獲得的最高分數。當下我才明白：「獲得最多預算的人，將得到最高分數。」這句話是人事部的誘餌。我看到旁邊有一個小小的評價欄，原來在這個課題中，其中一個評鑑項目是「統合調節力」。

與其單方面擊敗對方，雙贏才能皆大歡喜

人們通常戴著有色眼鏡看待「談判專家」，他們給人的印象是「透過激烈的頭腦鬥爭，不管數字多少都要贏」，也容易被聯想成是壓制對方，打敗對方的「鬥雞」。

不過，談判中的「贏」，不是我們所想的「贏過他人」。在談判裡，勝利是指「在雙方都獲得自己想要的價值界線裡妥協」。換句話說，不能因為我要取得一，

就讓對方變成零；也不能無條件讓步給對方，使其獲得一百。雖然不用到五十比五十，一分不差，但只要雙方都覺得「沒有損失」，這個談判就是「好的談判」。我在這個課題上取得好分數，也不是因為我將預算讓給對方，而是因為客觀判斷自己跟對方的產業後，進而讓步給對方，獲得自己該有的預算，以達到互助效果進行調節。

你可能會疑惑：「如果不是完美的五十比五十，其中一方不是必有損失嗎？」是的，如果以絕對數值來看，某一方的利益比較多。但談判結果的重點是，各自是否獲得「最重要的價值」，因為雙方想要的價值可能不同。

人們通常帶有一種特性，即以自己的「標準」解讀對方。結婚後幸福的人，認為不婚非真正的幸福；成就感需求大的人，則覺得慢慢享受自由的生活沒有意義；喜歡間接溝通的人，面對直接溝通會感到有負擔；相反地，喜歡直接溝通的人則認為間接溝通的人陰險。

談判時也是同樣的道理。假如「價格」對我來說是最重要的價值，但估計對方也重視這個，所以經常會因「價格」僵持不下。不過，對方也有可能不認為價格是問題，反而認為只要能收購好的影視作品，比起價格，更在意充分的合約時長、允許的設備、放映次數及寬容的匯款期限等其他條件。

因此，談判時要堅守自己最想要的價值，其他條件則要能以寬容的態度讓給對方。在協議空間（Zone of Possible Agreement）內，雙方皆獲得自己想要的價值，這個談判即為「雙贏談判」（win-win）。

那你可能又會疑惑：「為什麼談判一定要雙贏？當取得所有條件都是較利於我方時，不就是好的談判嗎？」

事實上，談判必須「雙贏」的理由如下：

❶因為交易不是「單一性」

當然也有單一性的交易。但我們的目標是與對方締結「夥伴關係」，因為長期來看，這更有利益。

沒有人會想要跟只在乎自己利益的「索取者」（taker）成為夥伴，但在關乎金錢的談判裡，無法成為「給予者」（giver），至少也要成為「互利者」（matcher），這是人際關係圓滿的祕訣，也是談判桌上通用的常識（編按：上述內容為亞當・

格蘭特在《給予：華頓商學院最啟發人心的一堂課》中提到的三種人，包括給予者（giver）、索取者（taker）和互利者（matcher）。即非一定要屏棄利己主義，但它是轉動人際關係的法則，也是成為好夥伴的唯一辦法。因此，談判時不僅是我方，也要是對方能滿意的雙贏結果。

❷ 希望對方挫敗的潛在意識，會使我們遠離成功

你曾經期望過誰失敗嗎？每當遇到這種時候，往往對方的事情會更順利，而你自己卻越來越陷入泥淖？沒錯，不是心情上的問題，實際上真的是這樣。

上述為韓國作家崔勝目在《從聖經中讀心理學》一書裡所寫的內容。以「墨菲定律」（Murphy's law）聞名的約瑟夫・丹尼斯・墨菲（Joseph Denis Murphy）博士曾說過這樣的話：「心理期望競爭對手失敗，但我們的潛意識無法辨認對象，只記得失敗。它帶來的副作用將重新回到本人身上。」換言之，作者的意思是，我們的內心世界向特定對象傳達某種訊息時，經常不記得對方是誰，只會記得訊息。假如你希望某個人失敗，你只會記得「失敗」訊息，不記得對象是誰，最後行為失敗

時，潛意識則會將結果引導回自己身上。

因此，希望對方挫敗促使自己勝利的想法，根本無法勝利。你要祈禱對方也很順利，這樣他們的勝利能量也能傳給自己，形成一個大家都成功的善循環。

現在請脫離談判要像拳擊競賽一樣，KO對方的迷思吧！談判並非零和賽局遊戲。最後，我想引用韓國作家鄭宥靜的小說《種源論》，來結束本篇文章。書中有一句話是這樣說的：「若你推人，自己也會被推，這是世界的道理。不推人，不被推，這才是正確答案。」

7 偶爾接受對方的幫助，也是拉攏的一種

以人類生活來說，終究是不完美的一群人互相幫助及生活，這樣的法則也適用於談判之中。

我屬於容易相信他人的個性，若對方表現親切，則認為他是好人；反之，則會覺得他單純是討厭我。當然，社會生活中相反的情形較多，經常被捅了一刀才知道，所以我也有一陣子會把人看作惡魔，而且發現周遭有很多神經病後，便漸漸不再盲目相信他人。即使如此，基本上我還是偏向相信他人，接受他人的好意，並想著總有一天要回報對方的心意。

因為「耳根子軟」和「全盤接受他人說的話」的個性，我也曾發生過橫衝直撞的事件。

某次跟團出國旅行時，被導遊的花言巧語欺騙，花了數十萬購買如萬靈丹的藥

品。就因一句「只要吃這個藥，可以清除血管裡九成的沉澱物」，因此喚起我的孝心，心想「爸爸的高血壓靠我治療了」！

我也曾經像《我是SOLO》和《心動的信號》等配對節目般，被捲入情感漩渦。因不知是真是假，各種情報影響著我，不斷使我陷入困境。靠近也不是，退縮也不是，於是就這樣結束了。受傷的心情不斷持續累積，最終壓力爆發。一個衝動，我在聊天室內告知對方：「就此放過我吧！」宣告狀況終結。現在想起來，還是手腳發麻。

我後來才知道，最初提供的錯誤資訊是混沌的始端，錯就錯在我過度投入對方和人們的「一字一句」，產生感情移入，這也跟我希望狀況明朗的「非黑即白」性格有關。所以後來呢？情報傳達者們馬上退出，對方也真的放我一個人，只有我一個人徹底精疲力竭！

雖然有這樣非常痛苦的經驗，基本上我仍相信人性本善。我心中一直有個期望，希望能成為對他人好的人，也希望對方是對我好的人。以結果來說，我這樣的性格在談判時，受到的幫助大過於被欺騙。

被愛、接受幫助，也是一種能力

人性本善，大家都希望能成為「好人」。唯獨，為了在險峻的世界裡生存；為了該守護的妻小，以及自己的病痛比他人痛的人之常情下，不得不更珍愛自己。不過，只要相信對方是好人，並如此對待他，對方也真的會成為我的好人。

或許有人會認為，這是在利用對方的善良本性，我認為，只要找機會報答即可。就這樣彼此來回傳達好意，鞏固信賴，便能產生長期的夥伴關係。

對完美主義者而言，他們可能會不習慣這樣的關係，因為他們的性格習慣掌控所有人及狀況。接受他人的幫助，對他們來說是很傷自尊心的事情，他們認為倚靠自己的實力，依自己的意志引領所有狀況所取得的成就，才是真正的實力。

然而，這世上沒有完美的人，人生不可能都照自己的意思過活，被愛、接受幫助也是一種能力。既然身處非一個人的世界，協作完成的成果也是一種實力。

雖然我也有一點完美主義的傾向，不過，我也領悟到一個道理：最終仍必須接受幫助才能存活。

瑞士國民作家羅伯特・瓦爾澤（Robert Walser）在作品《散步》中，寫下「東方白鸛與非洲冕豪豬的故事」。「東方白鸛」展現長頭髮和帥氣的姿態，因從外貌中散發出的自負心，牠的心靈自由又寬大；反之，「非洲冕豪豬」長得不好看，身體覆蓋刺荊，再加上心中有創傷的緣故，使牠無法對他人打開心胸，總是獨自躲著。但由於自尊心強，牠有一個壞習慣是「愛在外裝模作樣」。

東方白鸛看到這樣的非洲冕豪豬後，很是惋惜，產生想給予對方愛和救贖的想法。可是，非洲冕豪豬躲進身上的刺荊外衣裡，自尊心更是強盛，說東方白鸛是同情牠，於是拒絕了。東方白鸛漸漸更心急，並把非洲冕豪豬理想化，結果讓自己的心靈受傷，甚至哭泣。然而，非洲冕豪豬遲遲未向東方白鸛打開心胸，並感到莫名的勝利感。

非洲冕豪豬拒絕東方白鸛，能說是真正的勝利嗎？不，因為牠的刺荊外衣，使牠變得空虛與孤單。雖然能建立暫時的自尊心，但拒絕他人出手相助的代價也隨之而來。他人的愛與幫助，絕非是一件傷自尊心的事，總有一天會有回報的機會。如果我是非洲冕豪豬，我會接受東方白鸛的愛，用自己的刺荊外衣保護牠。

以人類生活來說，終究是不完美的一群人互相幫助及生活，這樣的法則也適用於談判之中。

倚靠對方的善良本性吧！他們終究會成為你最親近的好夥伴。

8 與其窮追不捨，不如適時留白

與其強推，並依自己的意思左右對方，不如讓對方留有餘地，如同磁鐵般吸引對方靠近，會更有效果。

眾多心理學家都在探討人們的內在小孩。我們心中仍存在一個未長大的年幼孩子，他有時會忽然跳出來闖禍，使我們不易與人締結關係。我們一邊長大，漸漸社會化，擁有自制力，變得更有智慧，但內心依然住著一名孩子。

孩子的特性之一是當有人強求他時，他會走偏；當有人抓住他時，他會逃走；若靜靜放著不管，他則會找到自己的位置。

小時候想讀書時，聽到媽媽說一句「去讀書」，突然就沒有想讀的欲望了。當被媽媽禁止觸碰垃圾食物，說對身體不好時，孩子就會躲起來吃；當大人不讓我們看成人電影時，孩子即使長針眼也要偷看。

談判時也要記得這一點：「對方也是人，內心也住著一名孩子。」

不強迫推銷，而是放出誘餌等待

我在宣傳影視作品時，不會強求對方購買。換句話說，努力宣傳販售的作品，如果對方追加要求資料，則盡可能提供給他，並告知也有其他企業在關注，激發對方的競爭心理。此外，根據不同的狀況賦予動機，製造彼此可成為夥伴的藍圖，例如：告知對方，如果完成重製權的簽約，製作團隊可提供派遣支援，以及暗示除了作品買賣，還可以共同製作，一起進行電視購物等新事業。

最後，最重要的就是靜靜等待，因為該做的就是這些了。之後，有興趣的企業就會主動聯絡，這時再互相調整條件並簽約即可。直到對方先積極提出「我想要購買」的意願之前，耐心等待，往後的過程則是速戰速決。藉由這個方式，談判期會比想像中短。

位於泰國的J企業，它是從既有公司分化出來的子公司，因此需要較多的新影視作品。我非常想要簽成這份合約，因為這是將未賣出或契約已到期的舊作品，大規模套裝出售的絕佳機會。因此，我盡心盡力地應對，充分推銷作品的價值，但對方提出不合理的價格，也無法得知他們的內心想法。最後，我認為自己該做的都做了，進而停止積極的應對。

在那之後，J企業開始時不時出差至韓國，甚至未卸下行李，直接拖著行李箱從仁川機場到達敝公司，我能感受到他們想簽約的意志。由於談判變簡單了，因此我們可以在適當的協議空間下，快速完成連續劇的套裝銷售合約。

不逼得太緊，對方反而會心急

如果大力宣傳並誠心應對，仍未收到聯絡時，又該怎麼辦？若發生這種情況，原因可能是這三種之一，包括：購買者的意願很低、目前的簽約條件不好，或是故意要馴化我方，以顯示出談判優勢，即簽約可能性非常低或不想與我方成為夥伴。因此，在這種情況下，不用斥責，但也無須等待他們，另尋其他企業即可。

或根據情況，也可以直接放棄對方，因為若以過低的條件簽約，此條件會形成「市價」，導致韓國影視作品的價值大幅滑落。

那麼，為什麼人們會對這種方式有反應？原因如下：

❶「供需法則」的緣故，擔心錯過商品

銷售者不需要積極推動被多人尋求的商品，你看過香奈兒店員登門拜訪客戶嗎？你曾看過 LV 職員促銷，進行買一送一的活動嗎？若是人氣高的商品，需求者會主動出現來簽約。因此，就前述的狀況，我們不強迫對方購買作品，透過游刃有餘的模樣，使購買者間接了解該作品的價值，進而擔心好作品被競爭對手搶先簽約，故即使覺得價格稍高，也會想搶先占有。

❷人們進行選擇時，喜歡「自己決定」的感覺

人會從隨自由意志行動中，感受到存在的理由。假如是因為銷售者力推，不得已購入商品，心裡總是不舒服，懷疑自己是否做出對的選擇。但是，如果是在價格較高，卻對自己決定的購買商品感到滿意，即使仍有一些疑慮，但為了減少自我懷

疑，便會自我合理化，所以埋怨銷售者的情況也會比較少。

所有的人際關係都一樣。同意讓出「空間」，使對方擁有自由意志，依自己所想來行動與決定時，才能形成並維持一段圓滿的關係。與其強推，並依自己的意思左右對方，不如讓對方留有餘地，以如同磁鐵般吸引對方靠近，會更有效果。

在談判中也適用這個方法，你甚至會發現，每次都通用。基本上，這就是在談判時，要先行「理解對方」的原因。

9 提供對照組，好東西是比較出來的

談判時要明白該著重的點，即產品最閃耀之處，並火力全開展示這一點即可。

當走在路上，看到不相配的情侶時，下意識總覺得可惜了，或認為可能是其中一方有對方的把柄之故。不過，有句韓國俗語說：「草鞋也成雙論對。」比喻再糟的人也有另一半。所以，難道是神看他們可憐，賜另一半給他們嗎？不，認為「女生可惜了，男生可惜了」等判斷，只不過是以自己的標準而定，對他們來說，彼此就是最佳的另一半。

人會被自己缺乏的事物吸引。不再「年輕」的人，會因對方年輕而覺得有魅力；缺少外貌、能力和家境等條件者，會被即使其他條件不好，但面祥心善的異性吸引；外貌自卑者會想遇見帥哥或美女，以彌補自卑；個性優柔寡斷的男人，也常被「強勢的女人」吸引。

換言之，並非僅有各條件在客觀上皆完美的人才能戀愛結婚。這世上沒有一個人是完美存在，所有人相對他人，至少都有一個「比較優勢」（當某人或某國生產某商品，具有相較於其他人有更低的機會成本時，就稱為生產該商品具有比較利益或比較優勢）。因此，尋找戀愛或結婚對象時，我們會衡量自己的優勢，並有自信地靠近；遇到擁有比較優勢的對象時，自己也會產生想彌補某處的欲望。因此，戀愛結婚市場將這種無意識的欲望包裝成「命運」，其實掀開來看，完全就是一個依靠「比較優勢」交易的市場。

這麼說來，影視作品買賣的市場又是如何進行？答案是一樣的。

以購買者的立場而言，一整年的預算常依各季度制定購買計劃，例如：資金二分期，則會每兩期挑選一兩個新播放的韓國影視作品。

所以站在銷售者的立場，必須配合購買者的購買時期，掌握其他電視台或製作公司的作品陣容。假設購買者為泰國的G公司，G公司通常以購買歷史劇為主，但調查二分期的影視作品陣容，只有我們公司預計播放歷史劇。如此一來，相較其他公司，我們占有非常強的優勢，因為G公司購買我方作品的機率幾乎是百分之百，我們可以使用高價政策等有利條件簽約。無論是否有高人氣的韓流明星參演，或是否由名氣作家執筆，即使演員陣容或作家的名氣稍弱，但因為每個國家都有自己的地域性，仍可以找出他們訴求的「比較優勢」。

仔細看每一部影視作品，至少都會有一個優點，不然為何要耗費龐大的製作費來製作？村上春樹在《刺殺騎士團長》一書中提及：「深入探究後，無論是哪一種人，我的內心處一定有閃耀的地方。」同樣地，以各層面來看，沒有所謂的完美作品。單看外表似乎都很相似，但深入探究後，一定有它閃耀的地方。因此，我們該做的事情是好好把握閃耀之處，將其完美包裝後，以好的條件販賣出去。

找到優勢，就能用來販賣

這是發生在數年前，我負責俄羅斯市場時的事。當時，販賣至俄羅斯的作品以紀錄片為主，相對已形成韓流的東南亞市場而言，幾乎不曾在韓流尚未打進的俄羅斯國內販賣連續劇，一年也只不過賣出一兩部紀錄片。

當時BTS防彈少年團還未出現，也還未有《寄生上流》和《魷魚遊戲》撼動全世界，俄羅斯當然也沒有理由對韓國有興趣。既然對韓國沒興趣，更何況是總共十六集，且只有韓國人登場的連續劇？理所當然賣不出去。比起韓國，出現北極、獅子、狼和冰河的紀錄片更有人氣。

不過，我們仍有比較優勢，即連續劇本身的競爭力。雖然韓國人長相和俄羅斯人不同，一定會有非同族的感覺，但人心起伏的方式，不管是東方或西方人都差不多。對我們來說，扎實的劇本和故事情節，能讓俄羅斯觀眾又哭又笑。不僅限於國內，在眾多國家廣受好評的韓國連續劇，其故事情節具有充分的競爭力，也有極大的比較優勢，即獨特的戲劇張力、鮮明的善惡分明，以及好的劇情結構。

因此，我們決定試著販賣劇本和故事情節。於是，開始銷售「重製權」至俄羅斯，而非已完成的作品播放權，以販賣播放的連續劇劇本，可在他國重新製作的權利為主。幸好，俄羅斯的製作公司對我方的連續劇有興趣，當時才能以製作精緻（well-made）且受到好評的連續劇，簽成重製權合約。

以大家最終皆公平的角度來想，我感受到創造的自然法則，有時候也會變得謙虛。一得一失，在某處失敗，則會在意想不到之處獲得回報，這就是人生。沒有百分之百完美的人，也沒有百分之百完美的人生，當然就沒有百分之百完美的作品。

不過，也沒有百分之百不好的人，所以更不會有百分之百失敗的作品。在這世上，不存有一個沒有比較優勢的人或作品。因此，談判時要明白該著重的點，即產品最閃耀之處，並火力全開展示這一點即可。當對方被迷惑雙眼時，其他不足的地方便會自動視而不見。

找到正確的比較優勢，再來就是販賣它。以交易市場而言，是隨「比較優勢」移動的市場。

10 銷售時有自信，就算貴也有人氣

幫助購買者決定的因素之一，是銷售者的「自信」與「確信」。購買者更偏好及信賴能夠給予確信，藉以減輕其決定障礙的銷售者。

我初次成為銷售負責人時，犯了一些失誤。當時我以為國外旅行買紀念品時的方式，也能運用在此處。例如正在猶豫是否要購買，銷售者便靠過來且溫柔地說：「姊姊，我直接給妳最低價如何？」雖然猶豫，但不知為何，便打開錢包購買。

但影視作品交易與紀念品交易相比，級別非常不同，不僅價格非小數目，適用影視作品交易市場的法則也不同，這裡是以「價值」為主，非「價格」移動的市場，故適用所謂的「柏拉圖法則」（Pareto principle，即所有變因中，最重要的僅有二〇%，雖然剩餘的八〇%占了多數，但影響的幅度卻遠低於『關鍵的少數』）。

對平台來說，與其一年播放十部作品，成績和其他平台差不多，倒不如其中一

兩部作品人氣爆發，反而對平台營運更有幫助。因此，以作品購買者的立場而言，經常會不惜以高價購買「物有所值」的作品，例如Netflix購買情境喜劇《六人行》，每年約支付一億美元，當然這種程度的交易非同一般，但這是說明「作品價值」重要性的好案例。

此作品能上升至天文數字般的價格，是因為播出有競爭力的作品時，能吸引觀眾加入平台，以維持營運，造就非凡的影響。此現象稱作「帳篷支架」（tent pole）。所謂的帳篷支架，是以搭建帳篷的支柱為比喻，表示根據是否能收購這部作品，會關係到平台這一年的實質利益，包括平台的興盛衰退。

如果以這種方式告知購買者，會如何呢？

「最近的韓流市場不好，我算你便宜。只要購買這部劇就買一送一，再送你一部，如何？」這種策略若用於紀念品交易市場或社區超市，是很有效的方法。「出清八折」、「買一個，再送一個」等促銷，對於是否購買生活必需品時非常有用。但，就如前述所說，影視作品市場則不同。若以這種方式接近購買者，馬上就能發現對方的不悅。

「想把人氣差的作品丟給我們，不僅給折扣，還多送一部？韓流市場不好，看來韓劇沒落了。平白無故購買，不就成了冤大頭？我看還是算了吧！」對方大多會這樣認為。

有自信的商品，不妨大膽開高價

不過，若試著以下列方式接近購買者，即以自信和坦蕩態度來包裝自家公司的作品。

「近期全世界再次掀起韓流旋風，像是《寄生上流》、《魷魚遊戲》等作品，讓韓國影視作品的威望更上一層樓，我們也因此變得非常忙碌。這部作品你也知道，演員陣容非常厲害，企劃案也很好，是我們公司今年強力推薦的作品，更是下半年的佳作，已經預賣到好幾個國家，如日本、台灣、越南……。你詢問價格嗎？嗯，其實現在也有其他公司正在關注，所以沒辦法再降價了，抱歉。」

「如果您對這部作品有興趣，請盡快聯絡我們，買賣期間也能先簽草約（deal memo），請盡快決定吧！」

這樣的宣傳理所當然是以「事實」為基礎，並將「有人氣」的抽象化表達為「人氣高」，但販售與否、販售地區和收視率等客觀數據，要以事實為根據傳達。

購買者會因為銷售者有自信的態度，眼睛為之一亮，預感這部作品會大賣，甚至出現要在其他人發現之前，搶先占領的想法。國外電視市場的買賣，主要以「獨家」的方式進行，即在合約期間（大概兩三年），一個國家只有一個電視台能播放這部作品（通常電視播放權是獨家；網路及手機播放權則以非獨家的方式進行）。由於錯過這次機會就要再等兩三年，電視台對於收購好作品的渴望會很高。

購買者漸漸開始著急，擔心競爭對手在買賣期間先簽草約。內部決定是否收購作品，基本上要花兩週的時間來討論，但該作品的買賣在三天後就要結束，令人感到壓迫，似乎要快一點確定購買。於是，對方會開始打給敝公司的「上位者」，告知明天還會來拜訪，請我們等待，先不要賣出。如果自己就是公司的「上位者」，通常馬上就會簽草約。若是電視台競爭激烈的國家，也會在晚上突然聯絡我方，詢問製作費等主要資訊，或打探競爭對手的意向。

因此，在適當的標準裡維持「高價策略」，使對方產生「要收購有價值的高級作品」意識，銷售反而會更順利，因為「高價策略」代表對商品的自信。

試想買名品的心理，便可以理解。雖然 LV 在一年間價格陸續上漲，但人氣依舊很高；香奈兒價格一直往上漲，甚至出現新的「CHA-Tech」一詞，意指利用香奈兒賺取差額利潤的理財方式。價格反映商品價值的心理，價格越高，商品看似越好的消費方式，人們早在名品上體驗過。

除此之外，作品在播放前無法預測結果。投入五百億元，受到所有業界關注的作品，打開瓶蓋後，收視率只有一％；或製作費低廉，且不受任何期待的作品，播出後竟然口碑不俗，甚至大賣等情形也不勝枚舉。沒有任何辦法可正確預測作品的價值，是這個產業的限制，也是魅力。

因此，在播放前的「預售」時，使用高價策略更有利。因為開始播放後，收視率會成為絕對指標，某種程度上能預測作品的價值。

想販賣高價時，態度越要自信

不過，預售是販賣作品的「期待價值」，尤其是喜歡預售的國外市場，使用高價策略更有利。

當然，打開成績單來看，有可能不如預期，但購買者們都知道會有這樣的狀況，他們也是在賭作品給予的期待價值，並且依靠數年經驗，預測特定作品是否能打開本國市場，因此對自己的選擇不後悔。

所以，我們一定要展現自信，真摯以待自家公司的影視作品。加上「真摯」兩字，表示我們也要真的這樣想，而非刻意偽裝自信，要以對自家公司作品滿滿的愛意為基礎，講述優點，並以此為包裝，展現出自信。

不過，也不是每次都能使用高價策略，我會根據情形，分別使用高價策略和低價策略。在國外市場，因「新作」的人氣高，盡可能使用高價策略以抬高價格；反之，「舊作」（已播放超過一年以上的作品）或綜藝節目，則可採用套裝販賣的方式，以降低價格。在國內市場，除了「新作」之外，被譽為「名作」的部分綜藝節目，以及部分因「長尾理論」（The Long Tail）[6]，長期受到喜愛的連續劇使用「高價策略」外；其餘則使用低價策略，以培養供給規模。

6 是網路時代興起的一種新理論，由於成本和效率的因素，當商品儲存、流通、展示的場地和管道足夠寬廣，商品生產成本急遽下降，以至於個人皆可生產。當商品的銷售成本急遽降低時，幾乎任何以前看似需求極低的產品，只要有賣，都會有人買。

其中，使用「高價策略」時，特別需要自信和坦蕩蕩的態度。

某天，我和一位購買者共享晚餐，對話途中，他以搞笑的聲音模仿各韓國電視台銷售負責人的特徵。她眼裡的我，是這個模樣：「對自家公司有極大的自負心。」

每個人都有難以抉擇的時候，尤其是考慮投資大筆金額時，很容易陷入決定障礙。這種時候，幫助購買者決定的因素之一，是銷售者的「自信」與「確信」。購買者更偏好及信賴能夠給予確信，藉以減輕其決定障礙的銷售者。

有自信的人會發光，自信感能讓他穿的衣服，產生如同名品般的效果。銷售者的自信感，能幫助好作品戴上翅膀。

11 比起滔滔不絕，「傾聽」更能博得好感

真摯的謙虛非自我貶低，而是在於「提高對方的地位」。認真傾聽對方說話，接納不同的意見，這就是謙虛的態度。

本篇將介紹與「自信心」形成平衡時，須具備的特性，即「謙虛」。

你可能會疑惑：「謙虛跟自信心不是相反的概念嗎？兩者如何同時並行？」然而，兩者適用於不同之處，假設「自信心」是販賣「商品」該有的態度；謙虛便是待「人」所需的態度。

就學時期因母親一句話：「妳一個人在泰國，媽媽每天擔心得睡不著覺。」我放棄語言進修，成了僅在國內學習英文的純正國內派。幸好大學專攻英文文學，對英文不算陌生但也不到流暢的水準。心情上，彷彿很久以前的歌詞：「僅僅站在英文面前，我不自覺變得渺小。」比起韓文，英文對話時需要花更多的精力，於是每

次會議一結束，便耗盡我所有的體力。

因此，當我遇見國外購買者時，主要都在傾聽他們說話，但在介紹商品、內容等銷售者該做的部分時，我會積極主導，其餘都在聽他們說，大概就是對方釋放能量，滔滔不絕時，我認真聆聽並適時回應。當然，我偶爾仍會擔心：「如果因為我話太少，被誤以為我討厭他們，該怎麼辦？」

不過，經時間流逝後我才明白：這樣的態度反而加分。

謙虛不是放低姿態，而是認真的表現

MBTI測驗測出我是ENFP型人格，換句話解釋即「火花型」。在使用很有自信的韓文時，能參雜各種玩笑或炫耀，積極釋放自己的能量。但切換成英文對話時，只能以謙虛的姿態，像是在聽取評價，而這般模樣反而令購買者對我產生好感。非強制性促購的謙虛態度，使我在購買者圈裡人氣上升，業績茁壯成長。雖然是誤打誤撞，但也藉此讓我領悟到「謙虛」的重要性。

人們剛開始很容易被有自信的人吸引，但若只有自信，過沒多久便容易令人產生反感。**因為人們比起讓自己變得矮小的人，更喜歡照顧自己的人。**因此，待人時應具備謙虛態度為好。

不過，請勿誤解本文所述的「謙虛」。說到「謙虛」，一般人會誤認為是放低姿態，沒有自信的態度，像是：過度低頭或刻意自我貶低。但真摯的謙虛非自我貶低，而是在於「提高對方的地位」。尊重自我，認真傾聽對方說話，以開闊的胸襟接納不同的意見，並認同對方，這就是謙虛的態度。

謙虛常由「適當的缺乏」中產生。

在我的人生中，同樣感受到適當的缺乏，至今不曾百分之百滿足。雖然仍在想掌握更多及稍微想清空的渴求之間碰撞衝突，但以接近生活本質的層面上來說，「缺乏」帶給人一種奇妙的喜悅。

若非是因為過度創傷導致心靈失去自由，「缺乏」對我們的生活必然有幫助。況且，有意識的了解自身的不完全及不足，待人時必能謙虛。談判時，這便是滿分的態度。

對於商品，要展現自信心；待人時，則表現出謙虛態度，兩德兼併，可謂真正的談判家。

希望大家不要因為誤解自信心，便在面對面時貶抑對方；或因誤會謙虛的態度，不斷貶低自家商品。請像個雙面人，同時具備自信與謙虛的面孔吧！

Column

維持最佳狀態的祕訣是「預留休息時間」

由於從小受到母親主觀式的安全教育，以至於我患有「安全敏感症」。活到現在，母親說過的話八成都和「安全」及「健康」有關。

某次到歐洲出差，因飯店昂貴而改訂便宜的住宿，房間因此無法反鎖。我帶著不安的心情，半夜開燈睡覺，整夜都沒睡好。早上睜開眼，眼睛乾澀。好奇自己是否睜開了眼，但不管怎麼用力，都無法好好睜開。

站在鏡子前檢視自己，臉龐浮腫，眼神空洞，彷彿老了好幾歲。今天有很重要的會議，但若我是購買者，看到接待的窗口是這個樣子，也不會想和這個人一起工作吧！

那一整天都很疲勞，我在會議期間胡言亂語，不知道自己說了什麼。大腦運轉過度，睫毛感到非常沉重，甚至F和P的發音都唸反了。即使狀態好也很艱辛的國外出差，現在連覺都沒睡好，真想自暴自棄。

好不容易要結束工作了，剩最後一個關卡：跟認識的企業負責人共進晚餐。在歐式的西餐廳裡，我和他們聊了很多，大概是以韓國和歐洲的影劇市場為主。漸漸地，大腦似乎被覆蓋上一層薄膜，突然前腦勺感受到炙熱的視線，仔細一看，購買者的眼睛似乎在發火。如今，我才發現是自己在打瞌睡。

雖然是短暫的剎那間，但我竟然在購買者面前，眼睛閉著點頭。時差尚未適應，加上沒睡好，我沒能抓住原本的理智線。已經不太記得那家公司的名稱了，因為沒能促成交易，往後也不會再相遇。

正因如此，建議開會時要管理好自身的狀態，**尤其是第一次的會議，狀態必須最好**。從一開始就要留下好印象，這樣一來，即使事後狀態稍嫌不佳，對方也會諒解，認為「他本來很不錯，今天可能是有點累吧」。可是，如果第一印象不佳，便無法再約出來，失去見面的機會。他們對我的印象應該是「韓國醜女」吧！

狀態不好，準備再多也沒用

狀態包含外貌，有重要會議時，穿著也要特別打扮。

首先，第一個理由是，無論對方是男是女，皆會被好看的事物吸引。並非說外貌本身就要長得漂亮，而是要符合某程度上的格調，端莊即可。其次，打扮也會使自信心增加。只要是需注重外貌的日子，也會充滿自信，腰部挺直，自然會如同模特兒般走路。一旦狀態極佳，待人自然也會從容許多。

依照麥拉賓法則（The Law of Mehrabian），**人跟人之間的溝通，「內容」不過占七%，但「視覺要素」卻占五五%；「聽覺要素」則占三八%**。因此，會議時必須要注意外貌、說話的語調及速度。

此外，若可以，最好在開會前後預留時間。談判需要耗費許多體力和專注力，在過程中，彼此展開互相猜測想法的精神戰。結束一場會議後，都會莫名覺得精疲力盡。

萬一在重要會議之前，剛完成另一場會議，專注力容易下降，則難以展現最佳狀態。如果另一場會議正在等待中，亦無法專注於當下，因為會一直想到下一場會議，或因收到對方的訊息，視線被奪走，導致氣氛變得散漫。**因此，重要會議前後要留有空閒時間，以便調整心情和補充體力。**

人會被散發積極能量的人吸引。帶著禮貌，身著端莊的服裝，並專注於「當下」，便能讓對方留下好印象。

12 運用競爭者「不想輸」的心態，能談到好價錢

說到「比較與競爭心理」，這是人的本性，只要不過度，不讓自己和身邊的人疲乏無力，其實並不算太差的方法。

在職場生活久了以後，能發現到部分人使用的手法。同一職位或性別的人們彼此互相牽制，你來我往以提高自己的威望。我也曾在不由自主的時期使用這樣的手法，與對方產生很深的怨恨。

這就是「以夷制夷」，意指「以外族管理外族」，是早期中國本土國家治理周邊國家時，使用的策略之一。在競爭者的鬥爭之中獲取利益，換句話說，即「不勞而獲」、「借刀殺人」。

事實上，以夷制夷也能用於談判，特別是在電視台競爭激烈的國家裡，更是一個好用的方法。

在菲律賓，有兩家電視台公司猶如兩大山脈，即B公司和M公司，兩家規模、影響力和收視率等指標相當，位於每年菲律賓電視市場的上位圈。收購韓國影視作品時，便能看到非常激烈的競爭現象，兩方會不時關心對手喜歡哪一部作品。假如某一企業對特定作品有興趣，另一方就會很神奇般地發現並摻和進來。當B公司和M公司的負責人在市場碰面時，他們總是將對方視為透明人，從不交談，直接擦身而過。

我夾在兩者之間的同時，感到他們彼此的牽制，精疲力盡，好比夾在母親和妻子之間的丈夫，是同樣的處境。

一旦我方推出的連續劇，其陣容有「成功的預感」時，兩家負責人的精神戰則達到巔峰。在菲律賓，「浪漫連續劇」特別受歡迎，若再搭配韓流明星或有名作家執筆的劇本，負責人會為了搶先獨占，不惜打電話到韓國上岩區，也就是敝公司所在處。

我在這激烈的三角關係裡，陷入了幸福的煩惱。又不能像所羅門王一樣，向各自主張是自己孩子的兩位母親提出解決方法，把十六集拆成各八集販售。最後，我決定公開招標，向兩家公司提案「請將喜愛這部連續劇的心意以金額表現」。然而，在截止日的兩三天前，雙方展開激烈的鬥爭，不斷打電話過來，時而諂媚，時而威脅，並探聽對方提出的條件，就像《藍色生死戀》中元斌哭著說：「要多少？到底要多少才行？」

為了提高金額，我從中不斷推敲，直到激烈的招標結束，最後，這部連續劇以菲律賓有始以來的最高價賣出。

運用比較心態，能激出競爭者的鬥志

還有另一個案例，那是Netflix進入韓國時發生的事。Netflix是從二〇一六年開始，在韓國境內提供服務，當時的反應不如現在，大多數不如期待，與在他國市場快速拓展的氣勢不同，他們在韓國有點無法扎根，主因為韓國是本國影視作品人氣旺盛的市場，可是Netflix提供的作品主要以外國為主。然而，最主要的原因是，當時市場上的主力電視台和通信公司，建了一道鐵壁來阻擋Netflix。

在上述的狀況之下，二〇一八年開始，Netflix重建新的策略，發表與韓國通信公司的聯手獨占企劃，在IPTV裝載Netflix服務。Netflix的這個嘗試，以結果論來說是「神來一筆」。除了透過通信公司確保觀眾之外，也是Netflix正式登陸韓國的第一個信號彈。事後，那些冷眼旁觀Netflix如何在韓國扎根的人們，也開始一點一點出現反應了。Netflix的攻勢，有效地刺激到韓國人在意他人做什麼，且擔心被超越的競爭心理，於是，他們也開始對Netflix打開大門。

結果，Netflix藉由在韓國變強勁的影響力，開始邀請A級演員、作家和工作室等，一起製作原創作品且積極收購韓劇，最終，在韓國成為名副其實的高人氣OTT平台之一。

說到「比較與競爭心理」，它是人的本性，無人可以倖免，刻意壓抑也無法斷開。只要不過度，不讓自己和身邊的人疲乏無力，其實並不算太差的方法，因為它是賦予人類動機的原動力。話說回來，能以各種方式來實踐「以夷制夷」的道理，不覺得很有趣嗎？

13 稱讚對方，能使他卸下心防

不分伯仲的狀態下，稱讚與認同對方，會使他心癢難耐，放下警戒。

這是我負責與新的OTT平台U公司談判時發生的事。U公司的購買者P和我本身是認識的關係，他在與我們公司規模相似的電視台擔任「銷售負責人」，後來被挖角至U公司擔任「購買負責人」，是一位很有能力的朋友。

P與我在幾年後，各自以購買者和銷售者的身分重逢了。開心僅是暫時的，對他來說，我不是一個會讓他覺得有負擔的對象。P從事銷售多年，累積相關經驗，很了解銷售者的談判方式及心理，況且，他了解銷售者和購買者的立場，對於在兩者之間取得平衡，必然駕輕就熟。

果不其然，P彷彿看穿我的心思，對我的談判設了一道鐵壁，不被我所迷惑，照他自己的意思引領大局，每次都顯露出要以「最低價格」收購作品的意思。無論我多努力，仍不見進展。其他電視台都已跟U公司簽完契約，作品也在U公司的平台上播放中，只剩我們公司的作品仍未完成。因此，我感受到來自公司的輿論及壓迫感。事實上，之所以進展緩慢，與我方一開始就要求較高的收購費有關。在這樣的狀況下，對方倚仗對自家平台的信心，認為沒有必要急著跟我們簽合約，顯得游刃有餘。

相反地，感到急迫的人是我，因為這次的簽約具有重大意義。首先，這是一份新合約，打入新平台就好比在未登頂的山上插旗子，是取得年底「高成果」和「獎勵」的關鍵。另外，在自家公司作品銷量下滑的時機點上，非常需要透過與新平台簽約，以確保銷售額。因此，我一定要簽下這份合約，只要盡可能提高收購費用就算成功。

過了數個月，為了試探彼此的意向，開了好幾次會議，但局面總是反覆重演。不過，對方身為老練的負責人，並不會直接放棄這份合約，仍持續確認我方的意向是否改變。

我很肯定，U公司一定也很需要簽下這份合約，在主要電視台的作品皆已在平台播放的情形下，唯獨沒有我們公司的作品，心裡一定會很在意，況且我們公司擁有超人氣的綜藝節目，他們一定需要這些作品來維持平台的訂閱人數。

因此，我開始變得悠閒，並認為簽約只是「時間上的問題」，再晚，也會在今年內簽約。現在則是探究如何轉折，並往合作方向前進的時機。由於已提供數據說明作品的價值，再提供其他客觀資料也毫無意義，所以我決定動搖對方的情感。

久違地，我聯絡P一起喝咖啡，感謝他願意到我們公司一樓的咖啡廳。不過，這次他不是一個人前來，還有一位後輩隨行。我高興地迎接他們，並努力想要解開彼此的立場變化，但仍舊感受到一道牆壁的存在，無法切入核心要點，彼此不讓步，僅能旁敲側擊。

耗費長久的時間，對方也感到疲憊，因此他需要一個轉折點。

聊天的過程中，我對跟在P身旁且靜靜聆聽的後輩說：「你跟他工作一定會學到很多東西，他就是一個談判達人！我雙手雙腳都投降了，所以現在只能都奉上了（笑）。」

瞬間，P的嘴角稍微上揚，所以我又再來一擊：「果然，U公司真的很會挖角人才。你在他身旁一定可以學到很多，只要照他說的做就可以了，雖然我們會很辛苦（笑）。」

他的嘴角更上揚了。累而浮腫的眼睛瞬間變成溫柔的笑眼，注視獅子的老虎眼神，在不知不覺間成了兄妹互看的溫暖視線。在後輩面前，他顯得很體面。

我採取認同 P 的談判技巧，並故意輸給他的方式，使他在後輩面前，成為一名從談判對象口中獲得「稱讚與認同」的前輩。也因如此，事情開始有了變化，他漸漸向我打開心房。

談判進展飛躍，他以比之前更合作的態度待我，談條件時也誠實說出內心想法。不知不覺中，我們成了同一條船上的同伴。「啊，原來是這種狀況啊。」了解彼此的處境，調整立場差異，一個月後就完成簽約。雖然為了這條一直未能縮短距離的平行線，我們已耗費數月。

稱讚及認同對方，能使他打開心房

這個談判的祕訣是什麼？即「稱讚與認同」。不分伯仲的狀態下，稱讚與認同對方，會使他心癢難耐，放下警戒。連鯨魚聽了稱讚都會起舞，更何況是人。

對付拚命的人，方法其實很簡單，即避開、迎接戰鬥，或無視。但對付融化自己內心的人很難，不知不覺會被牽著鼻子走，直到打起精神後，內心已經被掏空了。公司生活也是同樣的道理。對人的評價總是矛盾，對某些人的評價是「再也沒有比你更好的人」；但對於其他人，則是給予最差的評價，為什麼會這樣呢？因為人在評論他人時，常以「自己」為標準。認為喜歡自己的人是「好人」；討厭自己的人則是「壞人」，這是因為人們往往最珍惜自己的緣故。

因此，談判時適時給予稱讚，對方會在無意識中將我方評為好人，散發出比以往更善意且合作的態度。

在〈北風與太陽〉的寓言故事中，兩方為了證明誰的力氣大，打賭誰先讓路邊的男子脫外套，結果是溫暖的太陽獲勝，讓男子自己脫下外套。同理，安撫人心的聰明方法就是溫暖、稱讚和認同。

雖然你可能會懷疑「P的態度，真的是因為那句話而改變嗎？」不過，人真的會因為一句話而改變，甚至既往不究。

最後，我想以蕭伯納（George Bernard Shaw）的戲曲《賣花女》（Pygmalion）中出現的句子來結尾：「真的，這是事實，『窈窕淑女』和『賣花女』差別不在於行為，而是如何受人對待。對亨利・希金斯（Professor Henry Higgins）來說，我一直都是賣花女，因為他總是以賣花女的方式對待我，往後也是一樣的。但我知道對大校尉而言，我可以成為窈窕淑女，因為大校尉總是以窈窕淑女的方式禮遇我，往後也會一直這樣。」

14 談判是活局，隨機應變很重要

徹底準備很重要，但必須保有隨時修正的可能性，不要想著一定要「提早製作」出完美的談判方案。

想要跟近期的MZ世代（即在一九八〇到二〇〇〇年代初期出生的千禧和Z世代，也就是十八到四十歲的年輕人）聊天，MBTI是必備的，我位於MZ世代的尾端，曾在網路搜尋並測驗過，結果是ENFP型，即「火花型」，又稱「才氣橫溢的活動家」，仔細探究其特徵後，實在太驚訝了，太理解我的內心了；針對自己煩惱的部分，也被安慰：「啊，ENFP型都有這樣的一面啊。」

其中，我們來探討位於第四個向度的P和J。首先，P是感知型（Perceiving），「圓滑」和「隨機應變」的能力出眾；反之，J是判斷型（Judging），關鍵字是「計劃」和「統治」。

在談判時，也會顯現出這兩種性向。首先，偏於P性向的人會在建立談判目標和規劃達成方案後，剩下的則會根據狀況隨機應變。反之，偏於J性向的人會從一開始就仔細制定所有計劃和行程，並想控制狀況，期望能照計劃進行。

那麼，P和J性向哪一個更適合用於談判？答案是P。理由如下：

❶因談判具有不可預測性

首先，談判是「人為」的工作。我們說認識某個人的時候，你有辦法說百分之百了解那個人嗎？不可能。你只知道他大部分的個性，他說的話或行動只能反映出現在這一刻。人不會固定，人會自我反省和發展，很容易受到周圍的影響，心情時刻都在變化。因此，共同生活三十年的夫妻會說：「我到現在仍不是很懂那個人。」**談判是由變化無常的「人」而為，因此有不可預測性的一面。**

談判的外部環境也時常在改變。我們生活的世界，以一句話總結是VUCA（即具有易變性、不確定性、複雜性及模糊性的社會環境）。談判環境也一樣，公司提供的政策改變、重新制定新的出口相關法令，或與其他購買者的交易或動態關係等，皆為影響談判的要素。

舉例而言，我曾碰到柬埔寨禁止晚上七到九點的黃金時段（收視率最高的時間段）播放外國節目，這是柬埔寨為了保護本國影視作品的自救政策。最終，韓國影視作品僅能退出基本的黃金時段，不得不在早上、下午或黃金時段的前後時段播放。除此之外，由於編程時間縮短，當年柬埔寨的銷售定然會往下滑。由此可知，**因為存有不可控制的因素，所以想依照計劃進行談判是不可能的。**

❷過程中要懂得隨機應變

當談判中被對方完全知道我們的底牌時，就「完蛋了」（Game Over）。從那一刻起，我們不得不被牽著鼻子走，對方會站在我們的頭頂上，任意擺布我方。相反地，若一直變化無常，擺布對方，也很難取信於人。不過，適當展現難以捉摸的樣子，能適時讓對方感到緊張。看似知道我們的策略，又好像不知道時，以及看似清楚我方的底牌，又好像沒看到時，另一方對我方會採取「更合作」的姿態。

二〇二〇年底時，Netflix 推出一部人氣轟動的劇集，即以一位西洋棋天才女性的生活為題材，所製作的《后翼棄兵》（The Queen's Gambit）。西洋棋是一個藉由移動兵、車、馬、象、王后及國王等棋子，以吃掉對方的國王為目標的遊戲。這系列描述眾多西洋棋天才移動棋子，判讀棋局，展現勝負的心理戰，當時這部作品成為Netflix迷你系列的最高串流紀錄。

看完這部作品，我覺得這些西洋棋天才是隨機應變的高手。沒有一個人是從結果開始下棋，下的每一步棋都是在誘引對方移動，也會根據對方的移動改變策略，促使整個棋局對自己有利。

談判的當事者，就像是西洋棋盤上的棋子，沒有人是先知道結果再開始談判。雖然西洋棋的目標是「吃掉對方的國王」，而我們的目標是「以某種條件交易」，但為了達成目標，皆必須根據對方的移動做出適當的修正，重新判讀局面，不斷修改過程，漸漸接近目標結果。

請記得，在談判中，「圓滑性」很重要。雖然徹底準備好計劃亦很重要，但必須保有隨時修正的可能性，不要想著一定要「提早制定」，製作出完美的談判方案。談判前該做的事情只有四項：**❶以情報和數據為基礎設立目標**、**❷設定談判方向**、**❸決定我方無法禮讓的條件界線**，以及**❹提早預測可能會發生的狀況，準備**

好備案。

不久前，我讀了保羅・科埃略（Paulo Coelho de Souza）的《*The Archer*》（暫譯：弓箭手），對風車有新的認識。風車扇以相同的速度運轉，看似一直重複同樣的動作，但其實風車扇需要隨風移動，所以會更改方向。

談判就像「風車扇」，需要隨風移動，有時也要懂得更改方向。

15 越熟越要保持距離，才能掌握情勢

雖然關係也不能過於緊繃，但適當的緊張感有助於維繫彼此的友好關係。業務談判時，更需要保持心理上的距離。

不久前，看到同居並有孩子的知名好萊塢情侶宣布結婚。聽到消息時，我內心的想法是「終於完成了愛情」並給予祝福。但過沒多久，又聽到他們決定離婚的消息，為什麼會發生這種事？

想和最好的朋友化解衝突，比跟「普通」關係的朋友更難，當我們要把衝突搬上檯面時，只會莫名感到尷尬，也會推測對方「原來你就是這種人啊」，隨意對其言行下結論。一般人常會以為「依我們之間的關係，時間會解決一切」，結果就是放任太久，錯失和解的黃金時機。

為什麼關係越親密，越難和解呢？

一般來說，公司內部的談判比跟外部企業談判更辛苦。你可能會好奇，大家不

是在同一條船上嗎？為什麼會更辛苦？原因皆跟「界線模糊」有關。結婚後，因為有了「共同體」的想法，所以跟對方的界線逐漸消失；因為覺得跟最好的朋友心靈相通，所以不分你我。組織的特性就是會淡化個人特色，且容易有偏見或外力介入。

當彼此的界線消失時，我們會想成是合而為一，**但長期維持好關係的祕訣並非是「融合」，反而是要有適當的距離，即「留白」**。

我就是屬於親近後，界線會消失的人，雖然在不熟悉時，會擺出酷酷的模樣，一旦想要變得更親近，就會全心全意投入在對方身上。

首先，認為對方的一言一行都在針對自己，受到他的影響，也容易忽悲忽喜，陷入情感漩渦中。另外，過度投入情感，以為對方也是如此，當對方感到辛苦時，自己則會更痛苦，但仍會努力隱藏自身的痛苦。好不容易振作，但內心已開始腐敗化膿，會開始認為對方沒察覺到自己的情緒，因此覺得受委屈。當朋友說討厭某人時，我也跟風討厭他，甚至比朋友還厭惡對方，結果，只有我和那個人關係變糟，朋友則跟他處得很好。

因為知道自己有這樣的傾向，所以我開始建立一道防禦牆。異性之間可當朋友，但很難開始一段戀情。即使談戀愛，也會因為價值觀不同，在結婚前難以發展成更深層的關係，很短暫就結束了。除此之外，我如果和一個人變親近，內心常會感到痛苦。我曾經因為先和對方親近，之後又保持距離，導致對方感覺受傷。我若配合，會感到痛苦，推開對方也覺得痛苦，變得什麼事都做不了。

這些令人難受的狀況，總是發生在我的人生之中，最後我才體悟到，原來我只要跟人變得親密，就會把對方視為自己的一體。

正因如此，談判時，「守護界線」非常重要。與對方保持一定距離，才能以客觀的視角看待大局，且也能彼此互相尊重，維持禮貌。**彼此之間的「留白」，反而會讓人好奇**，**想要深入並靠近**。雖然關係也不能過於緊繃，但適當的緊張感有助於維繫彼此的友好關係。就像親子關係並不是無條件的愛（其實親子關係也需要保持適當距離），業務談判時，更需要保持心理上的距離。

就算是長期合作的對象，也要保有界線

幸好我在談判時，算是能發揮「留白之美」。工作時代替個人情感，能以客觀視角和對方保持適當距離，也都得到還不錯的結果。

由於身處國際產業部，每到年底時，各家電視台就會比較每個國家的銷售成績。每年收到銷售成績時，我突然發現了一個神奇的事實。我們公司屬於部門輪替頻繁的公司，短為兩三年；長則五六年要輪替一次，且負責的國家以一兩年為週期變更。但其他公司不一樣，很多窗口都在同一部門工作十年以上，負責的國家輪替週期也較長，也有人從業十年來僅負責日本市場，其存在可說是日本市場的「老前輩」。

為了維持「長期的夥伴關係」，讓同一個人長期負責相同市場，會比較有利嗎？我本來也覺得理所當然，但令人吃驚的是，結果卻不是這樣。**負責的「時間」和「銷售量」，並不能成正比，正確來說是沒什麼關聯**。

理由是什麼？答案是因為負責人之間太熟悉，有較大的可能性會發生上述提及的副作用，即緊張感消失，關係變得老練。

當然，這不代表一個人長期負責同一個市場不好，希望讀者不要誤會。彼此之間累積長期的夥伴關係很重要，因此長時間負責同一個市場也是有優勢的，擁有能洞察市場等不可比較的競爭力。

不過，若不能防止因關係太過熟悉親密，而導致界線模糊的副作用，累積的時間力量也很難充分發揮。換句話說，**追求長期的夥伴關係也不能掉以輕心，必須努力維持適當的界線，保有緊張感。**

談判時，在原本的「自我」上，視情況也要懂得戴上「面具」。聰明的談判者一定懂得在界線和維持關係上，拿捏好分寸。

16 想成交？按需求「量身訂做」很重要

能區分對方表面上的「要求」和潛在的「需求」，並給予回應，使對方覺得我們是「心靈相通的靈魂夥伴」、「有眼力的合作方」，是非常重要的事。

第一次和對方負責人見面時，必定會緊張，畢竟以銷售者的立場來看待「購買者」的位置，他是「絕對的甲方」。購買者要以好的價格購買作品，對公司的銷售才有幫助，我才能獲得上司的好評，在公司內的影響力也會變大。因此，第一次見到對方負責人時，常會不小心流露出「不能輸」的意念，為了不被對方的氣勢壓垮，在檯面下展開一場隱藏的氣勢鬥爭。

不過，我偶然在某處看到這段話，進而改變我的看法：「請對他親切，因為他正艱辛地戰鬥中。」

後來我才發現，購買者並非有絕對權力的人，他其實也跟我一樣，在合作前會變得渺小。背負擔心公司投資龐大資金，結果不如預期的壓力；收到公司指派要完成簽約的任務，但對方的銷售負責人卻看似刀槍不入，令人不禁退縮。想要以最低價格收購作品，以獲得上司的認可，但老練的銷售者卻像泥鰍般到處溜，令人煩惱且睡不著覺。

就這樣，了解銷售者和購買者各自的恐懼後，雙方站到談判舞台上。因此，我們首先該做的不是壓垮對方，而是理解他的立場並表示同感。掌握對方想透過簽約獲得的價值是什麼，以及在談判過程中有沒有困難點，再與自己的立場做調整，共同討論解決方案。

幫對方著想，才能博得好感

由孫藝珍與玄彬共同主演的電影《極智對決》，劇中由警察局危險談判組的何采韻，跟挾持人質的武器走私犯閔泰久，兩人藉由視訊通話開始談判。何采韻在緊張的狀況下，仍以誠實真心的態度面對閔泰久，詢問對方「吃飯了嗎」且適時坦露情感，請求對方協助，慢慢與閔泰久建立麻吉關係。甚至最後對峙時，依舊以有人情味的樣貌接近對方，打動他的心。

連在人質談判的險峻狀況下，都能努力為對方的處境設想，所以才能避開最壞的結果。**人最終會對理解自己，並給予同感的人打開心胸**。

不過，我們能透過哪些方法，來做到同感及換位思考呢？

首先，「傾聽」對方的話。

傾聽是超越「聽」的行為，以英文單詞來看，便能知道「hear」和「active listening」的差異。單純注視對方的眼睛並點頭回應的制式行為，這不是傾聽。

必須要知道對方真心想要什麼，讀懂話語間隱藏的意圖，分辨「要求」（Position）和「欲求」（Interest）。舉例來說，原本對方只購買價格昂貴的「迷你劇系列」，某天卻要求買「日日劇」，雖然很有可能是購買者感受到「日日劇」的魅力，但也有可能是因為預算不足，而做出次等選擇。因此，這時不妨掌握對方的「欲求」，推薦能給予折扣的迷你劇舊作，也可以利用「套裝銷售」，提供更多價格優惠。

能區分對方表面上的「要求」和潛在的「需求」，並給予回應，使對方覺得我們是「心靈相通的靈魂夥伴」、「有眼力的合作方」，是非常重要的事。

再者，不要給自己想要的，而是提供對方想要的。

舉例來說，對方想要的是「快速簽下合約」，但我方卻以高級餐廳和謙卑的態度接待他，拉長時間，延遲簽約，對方並不會覺得我們是好夥伴。以自己想要而非對方想要的方式進行，並盡所能做到最好，結果只會讓彼此累積許多不滿，關係難以持續。

最後，掌握對方討厭的事，並盡可能別讓它發生。

為了維持圓滿的關係，知道對方喜歡什麼雖然重要，但了解對方討厭什麼更重要。假設對方屬「貓科」動物，喜歡與人保持適當距離，但我方一直想親近，隨時聯絡對方、逼迫簽約，對方必定受不了。或者，對方非常討厭在沒有客觀數據資料下進行討論，我方卻提供毫無誠意的數據，並贈送許多紀念品，還因此而滿足，想必對方會認為我們很難溝通。

因此，**掌握對方的喜好和處境，以及盡可能避免做出讓他討厭的事，並在合**

宜的時間與地點說服對方，才能有效縮短談判時間。

小說《設計者們》中有一段文字：「這個地球變糟，不是因為人們壞，是因為大家都有自己的苦衷和辯解。」

如果對談判內容不得其解，總是持有僵硬的緊張感，不妨先理解對方的立場並努力給予同感，之後再說出我方想要的條件吧！這時，相信對方也會打開心胸，共同謀劃解決方法。

Column

以團隊身分談判時，一定要團結

最近，長期以來被認為是模範夫妻的藝人情侶，因為離婚而登上新聞，我大感吃驚，心想：「難道他們是假面夫妻嗎？」

關於團隊合作，我想呼應前文，以兩個例子來說明。

之所以會有所謂的「假面夫妻」，原因有很多種，但其中一個原因是，人們將結婚視為一種「社會地位」。雖然現在流行不婚主義，但在以結婚為「主流」的社會裡仍有偏見，認為擁有正常家庭生活者，在外工作一定會做得好，並以家庭的團隊合作來評量這個人的能力。

因此，當以組別進行談判時，必須注意這一點，即對外要展示「內部的團結」，藉此讓對方信任我們，認為合作一定會很順利。

假如團隊裡已選出一位談判的主要負責人，請務必要全力支持他，為他加油打氣。盡可能不要在談判時，說出與他不同的意見，或為了讓自己受到矚目，進而破壞氣氛。

還有一點是，**千萬不要單獨與對方見面，談論我方的壞話**，這是最糟糕的行為。雖然公司內總有看不見的鬥爭，但如果因為私心而不考量團隊合作，逕行做出不在預期內的行為時，很有可能會拉所有人一起下水。不過，若是策略性的區分「白臉」和「黑臉」，以應對外在狀況，則不在此限。

不論內部意見是否一致，對外要統一說法

這是我去看牙醫時發生的事。當時我因為牙痛，手不小心打到醫師的頭，對醫師感到抱歉又尷尬。看完牙齒後，醫師離開座位，護理師走過來並笑著說：「做得好，呵呵。」

當我發現牙醫師和護理師，兩人各自對外的態度不一致時，我對這間診所的印象就此改觀，即便醫師對我親切也一樣。加強內部的磨合雖然重要，但即便未這麼

做，也不該在對外時顯露，特別是談判時更要注意。

以「團隊」為單位進行談判時，除了要有合作意識，也必須讓對方感覺「這間公司真團結」。

17 先想好備案，就不會患得患失

當心態是「這份合約不簽也沒關係」時，簽約反而會不可思議地順利。

雖然本書截至目前為止，介紹的內容皆是談判時必備的特質，不過就算是年度頒獎典禮，也會有最重要的「年度大獎」。也就是說，若沒有「配角」和「優秀演員」，也無法製作出連續劇。

因此，假設「談判時僅能具備一項心態，哪一項最重要呢？」我的答案是「心態上的從容」。在激烈的談判桌上，這樣說可能會覺得是空話，但它真的很重要。談判裡的從容係指「這份合約沒有簽成也沒關係」的骨氣。

你可能知道，放開其實比用力更難。雖然在日常生活裡，我對不重要的事或人際關係，是屬於可以放得開的人，但如果我認為這件事或這段關係很重要，則傾向不放手。

很諷刺的是，比起不放手，看開後的結果反而比較好。曾經，我真的很想要跟某個人好好相處，結果反而戀情不順，將對方說的話和反應都看得很重，時而開心，時而挫折，獨自在內心深愛又拉扯，最終因倦怠而選擇離開。

我寫文章時也是相同狀況，想好好寫的意欲太強烈，手和大腦反而先僵硬，什麼都寫不了，最後只好關上筆電。或者，好不容易寫出來的文字卻覺得莫名空虛，看不懂自己在寫什麼。

因此在談判時，越想做得好，會花越多力氣在溝通上，容易被對方看出自己想簽下合約的期望，導致被奪取主導權。因著對方的一舉一動，時而上天堂，時而下地獄，一時喜一時悲，最終失去重心。意欲太強導致過度想掌控局面，反而會使對方卻步，或造成談判破裂。

不過，把力量放開，心態上保有從容則不同。不但能以更寬闊的視野看待問題，面對他方也較為游刃有餘，且這般模樣反而會促使對方焦躁，**因為我方的「從容」，就是在給對方「壓迫」，使他感受到必須主動出擊，簽下合約，使談判能依照我們想要的方向進行。**

因此，當心態是「這份合約不簽也沒關係」時，簽約反而會不可思議地順利。

不要全押，而要分散風險

在談判過程中，我們無法透過冥想達到放鬆狀態，那麼，該如何從容看待一切呢？

第一個祕訣是「分散注意力」。

如果你反問：「不對啊！不是說談判的每階段都很重要，且要專注於對方嗎？」話是沒錯，但這裡指的「分散注意力」不是在談判桌上，而是要請你不要只關注談判，也要注意其他工作。假設你同時有好幾個談判案在進行，雖然身體感到忙碌，但從心理層面上會發現，在面對某案子時，心情是游刃有餘的。換句話說，「從容」反而會在有多件工作進行時出現。如果你只處理一件工作，而必須梭哈（all in）時，我們不自覺會被「執著」所纏繞。

當我負責的國家數達到最高點時，也是我在國際產業部中，得到最多成就感的時刻。雖然非常忙碌，但每個國家的銷售額都增加。通常一個人會負責兩三個國家，但我一個人卻負責四個，最多有到七個國家。泰越緬柬新馬汶（泰國、越南、緬甸、柬埔寨、新加坡、馬來西亞、汶萊），可說是整個東南亞皆由我負責。

每天的心情都像在玩雜耍，不僅要處理泰國發生的事情，又要回覆柬埔寨購買者的信件，接著跟緬甸購買者開會，還會接到越南打來的電話。即使我身體忙碌，腦袋快爆炸了，但這段期間卻是銷售額最高的時期，原因在於我的態度從容。因為負責七個國家，所以我不會只執著於一個國家。假設越南的銷量稍微下滑，我會想著「我還有六艘船，不，是六個國家」，反而能減輕業績壓力，改善焦躁心情。

況且，因為忙碌，所以我只抓重點處理工作，想要排除最沒效率的行為，以最快的速度做出正確決定，反而做得又快又好。與其針對小事跟對方展開無謂的氣勢鬥爭，浪費力氣，不如快速進行，以獲得好成果。

總歸一句，大事化小，小事化無。

此外，海外參展時，每三十分鐘要跟來自七個不同國家的電視台進行會議，不斷奔波，如果其中一個會議延遲，身邊就會聚集一群等待下一場會議的購買者。這樣的景象不禁讓人覺得，我可能是「最佳銷售員」（seller），進而提高身價。對方看到這樣的狀況，也不再拖時間或提出更多要求，反而是在可能的情況下，接受我的提案，因為他們知道我是在忙碌之餘與其聯絡，比起簽約，更開心能見到我，內心也會想著「即使沒簽約，這個人的業績也極佳。她沒有一定要跟我們簽約，所以更要主動出擊」。因為這樣，對我的態度也會更加友善與積極。

第二個祕訣是準備「談判協議最佳替代方案」（BATNA）。

談判協議最佳替代方案（BATNA，Best Alternative To Negotiated Agreement），係指脫離可協議空間（Zone of Possible Agreement）時能使用的「備案」。有「備案」，我們才能保持從容。

Netflix 之所以成功，《紙牌屋》和《魷魚遊戲》等原創作品是功臣。不過，Netflix 並不是一開始就打算製作原創作品。作為一個串流平台，第一順位該做的事是收購好的影視作品。然而，那些擁有既得權的媒體公司，開始以甲方態度支配 Netflix，導致 Netflix 必須花費每集一百三十五萬美元購買《陰屍路》（The Walking Dead），以及一億九千萬美元購買情境喜劇《歡樂單身派對》（Seinfeld），最終，因龐大的收購費用造成負擔，進而提前製作原創作品。

簡單來說，「原創作品」即為 Netflix 的「談判協議最佳替代方案」。擁有最佳替代方案的 Netflix 開始無後顧之憂，取得空前絕後的成功，在全世界的影視收購圈裡占有談判優勢。除此之外，如果有其他預想能交易的地方，也算是一種「談判協議最佳替代方案」。

因此，我們從身邊的人可以觀察到，當自己擁有其他事物時，便會感到從容。努力做自己的事又懂得認可他人成果的人、在困境中也不失體貼和幽默的人，相較於拚命抓住屬於自己的，懂得環顧四周的人，以及相較於自我防衛或說他人壞話，反而利用這段時間努力提升實力的人等，這些人皆為態度從容之人。

不過，我認為這樣的從容心態，與其說是當事人的個性問題，更多是因為其所處的情況或事件所致。無論是過去以來取得的成就、繼承而來的身世、超越一般人的外貌、受人喜愛的個性、同一宗教的價值觀、幸福的家庭、原有的興趣，或是懂得感恩現在的心情等，人們認為自己擁有一些事物時，心態上就會從容有餘裕。

總而言之，談判時最重要的心態之一是「從容」，而這份從容是由自己意識到擁有某些東西時而生。當然，努力分散注意力，避免執著於某事上，也是關鍵之一。但請不要誤會，態度從容不等於工作怠慢或不關心的意思，工作仍要用心做到最好，只是脫離情感上的「執著」而已。

請記得，生活的每個層面都需要空隙和從容，即使是關係到龐大金額的談判，也需要這樣的態度。

18 如何不讓人反感，又能說服對方？

使用技巧時，一定要先展現出想與對方合作並雙贏的真心，這樣即使對方沒把握，也會隨我方的意圖走。

看到這裡，我們重新回想這本書的主題。談判最重要的是「動搖對方的情感」。為了實踐這個目的，我們一一介紹了各種具體方法。但是，若想徹底實行，還需具備三個條件。

在 YouTube 網站上，人氣最高的影片是什麼呢？應該是探討男女心理的影片吧！想在戀人關係裡掌握主導權的貪念，以及想在「看似我的又非我的」般曖昧關係裡，窺探對方心意的欲望，促使我們點擊這類影片。由於到處都能看到這類影片，所以最近出現很多戀愛專家，甚至在似懂非懂下，教授習得的理論。要注意的是，別用到三腳貓伎倆。真正的高手是「看似沒有欲擒故縱，實際上卻在做的人」。

於是，動搖情感的第一條件登場。

條件❶ 在不被對方察覺下使用技巧

談判時，如果讓對方發現你在使用「動搖他人情感的技巧」，除了效果不如預期，還有可能讓狀況變得更複雜。因為對方會防範自己，不被我方的意圖迷惑。他會感覺到自己正被控制，所以認為我方使用的「技巧」是「攻擊」。

最終，問題變得更複雜，關係糾結。或許彼此誠實以對是一條捷徑，但因為一來一往的打探，變成一條彎曲的羊腸小道。事後才發現，因扮演他人而在路上迷失並疲倦的自己，以及煩惱該如何對付他人，而腦袋要爆炸的自己。為了掌握主導權，彼此的氣勢鬥爭無止境，更不用說要累積信任，這也是為什麼有時「不使用技巧」會更好。

尼可洛・馬基維利（Niccolò Machiavelli）在《君王論》中表示：「雖然很會模仿狐狸的人可以獲得最大的成功，但他同時也要知道如何偽裝出該特質。」

人類具有天生的第六感，英文為「the 6th sense」，即直覺。因為擁有這項知覺，人類被譽為「靈性動物」，所以通常「莫名覺得是這樣」，結果真的是那樣。因此，即使有技巧性地使用技巧，對方也不可能毫無察覺。

男女關係之中，男人都看得出女人的狐狸行為，只不過是裝作被騙。男人明知道卻裝作被騙的原因在於，女人的狐狸行為代表她對自己有興趣，是正向的信號。因此，我們可從中得知第二個條件。

條件❷ 以真誠的心為基礎

具有自由意志的人若發現自己受到控制，越會感到反感並故意唱反調，所以使用半吊子的技巧，反而會產生負面效果。不過，若對方能感受到你是「真心」為他著想，即便是半吊子，也比較能以寬容的心接受。

使用技巧時，一定要先展現出想與對方合作並雙贏的真心，這樣即使對方沒把握，也會隨我方的意圖走。因此，重點是「真誠」，再加上技巧。

條件❸ 不能感情用事

如果以「感情用事」來解釋本書的主題「動搖情感」，則情況會變得糟糕。動搖對方情感之餘，要懂得安撫自己的情感，**特別要注意負面情緒，一定要自制，別在對方面前出現發火的行為**。

要聰明地管理情緒並不容易，尤其是MBTI測出來為F感性的人更難。像我曾認為，與其在背後說壞話，不如攤開一切，正面攻擊是更明智的方法。當然，意思不是說在背後說人壞話是對的，但在人前說壞話，也不是理想的方式。特別是在談判桌上，一定要注意管理負面情緒，因為它可能直接影響到結果。

以上，我們介紹了動搖對方情感時，可用的三個談判技巧，總結如下：

❶不被對方察覺。
❷重點在於真誠。
❸控管自我情緒。

簡而言之，所謂「聰明的狐狸」是指真誠待人且能管控情緒的人。若想成為一隻狐狸，那就成為一隻聰明的狐狸吧！

“我們首先該做的不是壓垮對方，
而是理解他的立場並表示同感。”

PART 3

如何接待客戶，讓他只想和你交易？

性別、年齡到國籍，都會影響應對方式

19 根據性別，採取不同的應對

若想打開男人和女人的心房，各自使用不同的鑰匙會更有效率。

談判時，能否掌握對方非常重要，因為要配合對方做出「應對」。本篇將說明如何掌握對方及該如何應對。

首先，是對方的「性別」。講述男女關係的書籍《男人來自火星，女人來自金星》席捲全球，雖然後續又衍生出許多戀愛建議書，但這本書可說是始祖。

還記得我在剛成年後，第一次接觸到這本書，在那之前，我認為男人和女人只是身體上的差別，因此對「根據性別不同，內在的想法也有差別」這一說法，並沒有太多關注。

當時被放在書櫃上的這本書，因書名顯眼使我產生好奇：「喔？男人的祖先是火星人？不對啊，應該是亞當……」便開始讀起這本書。然而，越讀越覺得是新世界，甚至嘖嘖稱奇：「原來男人和女人的思考方式不一樣啊！」但又懷疑：「真的是這樣嗎？」不過，書上記載的女人特徵，身為女人的我來看是對的，所以男人的特徵應該某種程度上也是對的。

我依據書上的描述及透過實際社會生活所確認的事實，**男人的動力大致分三種，即：稱讚、認同和感謝；相反地，女人的主要動力則為：關心、共感和理解**。當然，作為人類，基本上都需要這六種動力，不過，若想打開男人和女人的心房，各自使用不同的鑰匙會更有效率。

因此，根據購買者的「性別」不同，應對方式也要不一樣。

男人需要稱讚，女人則需要感同身受

遇到男性購買者時，我會先從「稱讚」及「認同」開始著手。男人基本上相對女人而言，溝通的訴求不大，友好性較低，一坐下來就直接切入正題或做出以「目標」為導向的模樣，會顯露出「必須成功簽約」的意欲和氣勢，以壓制對方。

當男人以「來拚一場吧」的心情坐在我面前時，我會先透過破冰來緩解緊張。

舉例而言，看過名片後，開始認同並驚嘆對方的影響力、高職位或所屬公司的威望等等。雖然假惺惺地說出非既有的事實不好，但若能以實際擁有的資料為基礎，建立對方的權位並給予認同，聽者也會很滿足。

一旦這麼做，原本被盔甲武裝的男人，也會變成被陽光照射融化的雪人，態度變得平靜、從容。不過，因為是攸關「錢」的討論，不太可能馬上做出決定，但在各自回到崗位後，態度會變得積極。此外，對方也會努力尊重我提出的條件。因此，交易經常比想像中來得簡單、快速，可說是從一開始的3G網速，變成LTE的速度。

所以，當本身的存在備受「認同」時，男人會變成好人。

那，女人又如何呢？遇到女性購買者時，我們不會一開始就提及工作。對方也知道，女人們之間都有這一面。

我遇到女性購買者時會先展現出關心，向她提問並傾聽回答。她的內心會因此感到愉悅，對我的態度也會較合作。一旦對方開始打開心房，就可漸漸往她的內心深處走，詢問對方：「公司氣氛如何？工作中有沒有困難之處？工作時間外都會做些什麼？」等，在她回答時感同身受，宛如與親近同事喝下午茶般自然。如果各自在公司的職位或年齡相仿，則更容易形成「共感帶」。

在土耳其，我有一位熟識的女性購買者，她是一位外貌不亞於藝人的姊姊。我們熟識後，彼此公開年紀，發現她大我兩歲。與她親近的時機，是我隻身到土耳其出差並參加國際文創市場「DISCOP West Asia」的時候。活動第一天晚上，我與她在一家能瞭望博斯普魯斯海峽（Bosporus），且氣氛極佳的餐廳裡共享晚餐。受到氛圍影響，內心趨向柔軟，我們聊了很多，也因為那天，彼此默默締結成「姊妹」聯盟。出差回來後，這個聯盟帶來的成果是——完成連續劇重製權的簽約。

女人的友情是由一對一的互相好意往來而成。如果一方得到關心，下次另一方也會以相似程度的方式回饋，**累積一兩次的好意與關心後，便能形成信賴**。

準備特色小禮物，拉近彼此關係

此外，我也推薦互送小禮物。像是在韓流盛行的東南亞國家，韓國化妝品很受歡迎。每次在韓國舉辦國際文創市場活動，女性購買者都會到百貨公司或門市逛街買化妝品。因此，當對方是外國女性時，在不超出他人負擔範圍內，贈送小型化妝品也是表達關心的方式。另外，贈送貼上自家公司ＬＯＧＯ或主要影視作品ＬＯＧＯ的杯子或文具，讓對方在使用時便能想起我方，也是不錯的方法。

簡單來說，女人在受到「關心和共感」時，亦會變成好人。

愛因斯坦針對問題「假如給你一小時拯救世界，你會怎麼做？」的回答，是「花五十五分鐘定義問題，再花五分鐘尋找解決之策」。

同樣的道理，談判要花五十五分鐘掌握對方並建立好關係，**絕不能在彼此還不了解的狀況下，就想簽約**。一定要先累積好感與信任，如此一來，之後只要倚靠「關係」這根水柱，製造大大小小的水滴，當聚集到一定程度後，也能製造巨大的波浪。

20 遇到年長者，要適時捧他

面對這樣的對象，我建議可透過兩種方式接近，即「誠實」和「對於年齡與權位的尊重」。

上一篇是根據性別的應對方式，再來則是因「年齡」和「職位」不同的應對法。

首先，我是一個真心感謝自己是「有點年紀」的人，很期待自己未來的知天命（五十歲）生活。雖然照鏡子時，勢必會抗拒滿臉皺紋及身體老化，但除了這個之外，有年紀絕對比「年輕」好。因為所謂的「青春」，是彷彿看不見華麗面紗下新娘的臉龐，魯莽衝撞人生的時期。

二十幾歲時，也許會因為有「理想主義的魯莽」而慶幸。但到了三十幾歲，是熟悉社會生活、累積經驗，並擁有自信且對人生已大致了解的時期，因此，這時期又稱作「超級自我」期。若是善用，將會帶來極大的影響力，但可惜的是，大多數都以橫衝直撞收場。我記得我也曾因為自我意識高，對別人造成傷害。經歷這些過程，慢慢磨練後，終於迎來人生的美好下半場。

因此，談判對象若比自己年長或職位高，特別是部長級人物，他們都已經歷過驚濤駭浪時期，非常老練。在談判上，基本上各種狀況都經歷過。這樣的人通常帶有下列特質：我方的談判技巧用在他身上並無效果，即使有效，也不容易被影響，或是心知肚明但仍接受。

面對這樣的對象，我建議可透過兩種方式接近，即「誠實」和「對於年齡與權位的尊重」。

因為年紀和經驗的差異，小時候玩捉迷藏時，就算動腦筋躲父母，卻總被他們找到藏身處。如果是現在的我，會索性躲在對方的眼皮子底下，即低頭接受幫助。假設對方與我都是樹木時，不要站直身體和對方比身高，而是躲到對方的樹蔭下，接受他茂密樹枝的保護。

韓國作家金妍秀的小說《設計者們》裡有一段文字：「說到上了年紀，拿刀的傢伙們怎麼可能撐得下去，反而流淚的人們無人能阻，所以眼淚比刀厲害啊！」

上述這段文字並不是說要在談判對象面前哭泣，而是認同對方，以誠實謙虛的態度抓住他的心。如果堅持欲擒故縱，最後一定會因為失敗而展開鬥爭，浪費時間和精神。即便有一次的勝利，長期下來也很難與其成為夥伴，若對方是業界有影響力的人，則我方可能在某一瞬間，就會變得孤軍奮戰。因此，**直接告知對方想要的條件並誠實說明理由，以謙虛的態度來面對更有利**。

給太多方便時，也容易被對方掌控

如果對方比自己年輕或職位低時，適用哪一種方法呢？這時候要用「紅蘿蔔與馬鞭」（軟硬兼施）策略。做得好時，給牠紅蘿蔔持續做；做不好時，則用馬鞭讓牠停下動作。

以我來說，我會先站在對等的位階上平視，尊重對方。如果對方感謝並展現出尊重態度，談判將會進行得很順利。但如果對方小看平視的「我」，做出「高人一等」的行為，我會停止關心或提起馬鞭，轉換成不回信或不回電等「停止談判」的姿態。這時，如果對方看出我的態度並找回對我的尊重，我將重新以禮相待。若對方一直無法拋下「高人一等」姿態，我會中斷交易，另謀其他企業。

我喜歡跟年紀輕或職位低的後輩們輕鬆相處。然而，過於輕鬆也會被小看，讓好意變調，適當的「軟硬兼施」，則有助維持好關係。有時遇到這種狀況，心情多少也有點苦澀，不免想著，這就是人性啊！

總而言之，面對年長或職位高者，以「誠實」和「對於年齡與權位的尊重」來對待；面對年紀輕或職位低者時，「軟硬兼施」的效果更好。

21 當對方堅守立場時，如何打動他？

所謂的談判，不是彼此瞪眼並折磨對方，根據對方的性格，做出委婉的應對，結果會更好。

了解一個人是件很有趣的事，你會發現沒有百分之百的壞人，也沒有百分之百的好人，雖然程度上有所差異，但大多數人都有優點，相對也有缺點。因此，每個人都有自己固有的角色。

談判時，需要掌握對方的固有角色，依性格大致分為以下四類：

❶以「工作」為重，還是「關係」為重

某天我參加部門研討會時，做了DISC測驗。這裡的DISC不是「腰椎

間盤突出症」，指的是「性格類型」。人類性格可分為四種類型：支配型（Dominance）、影響型（Influence）、穩健型（Steadiness）、分析型（Conscientiousness）。測驗結果顯示，每個人皆是由兩種類型來構成主要性格，我測出來是ID型，指工作時能善用「關係」且屬於支配進取的人。與我相反的類型是SC型，和I型相比，不太會善用跟對方的關係，且屬於會依附他人意見的跟隨者（follower）。

透過這個測驗了解彼此的性格，現在多少能理解他人了。平時看到個性與我完全相反的同事，老是會覺得「這個人怎麼這樣？」直到頓悟後，我悄悄收回白眼，告訴自己「啊，他沒有錯，只是與我不同罷了，因為我們天生性格不一樣」。

因此，無論是知道對方的DISC或MBTI測驗結果，又或者親自感受並了解，最重要的是掌握對方是以「工作」為重，還是「關係」為重。

假如對方是以「工作」為重的人，很有可能不愛閒聊，偏好直接切入工作話題。說服這類型的人，也要以精確的數據為根據，建立縝密的理論。一起吃飯或喝下午茶時，要盡量增加工作相關話題，因為他們可能會認為閒聊興趣或家人等個人話題，是在浪費時間。

提出一些可以讓對方展現工作知識的問題吧！他會開心地不斷說下去，這時只要認同對方並接受他的幫助即可。他勢必對業界狀況非常了解，所以也可以請對方先提出條件，他一定會在短時間內提交編寫好的資料，這樣一來，我方不但能快速知道他的想法，也能針對其想法做出符合的應對，更有利於我們。

所以，若對方是以工作為重的人，**與其硬要跟他累積親密感，不如認同他的工作經歷或知識，以激勵他完成這次的談判**。因為他不會提出無理要求，而是以最理性的方式展開談判，我方也較容易減少談判間的意見差異。反之，如果對方屬於以關係為重的人，頁一三八「動搖情感的談判方法」更有效。

在中國和東南亞國家仍以「關係」為重。講述中國經商故事的趙廷來作家，在《叢林萬里》一書曾說道：「在中國世界裡，沒有什麼比關係更為重要。若不靠關係，則無通關路。它是尋寶地圖，也是讓不能化為可能的魔術棒，更是從地獄上天堂的鑰匙。」

即便不是中國或東南亞國家，由於談判是人為工作，「拉近關係」是常見的通用方法，當對方特別在意關係時，一定要善用這點。

❷屬於「支配」或「跟隨」性格

透過DISC測驗，如果發現對方是支配型的人，請退一步讓對方主動領導談判。首先，開會談判時，請仔細傾聽並尊重他的意見。不是要你無謂「接受」他說的話，而是見面後打開心胸傾聽，之後整理該反駁的部分，但該恭敬說出的話也不能少，建立與其應對的方法。一邊做出將主導權交給對方的模樣，一邊堅守自己想要的，猶如外表酥軟內裡扎實的「蛋塔」，才能優雅地獲勝。以結果論，我們獲得自己想要的價值，只要達成雙贏，過程看似輸掉也沒關係。

相反地，如果對方屬於「跟隨者」性格，我方積極主導談判也無妨。但不要忘了體諒對方，才能使他好好地跟著自己走。配合對方的速度累積信任後，到了決定的一刻，談判便能輕鬆結束。按照上述方式主導的談判，不論是過程或結果，都會令人很滿意。

談判時，並非主導的一方就一定會勝利。所謂的談判，不是彼此瞪眼並折磨對方，而是並列站在一起，形成夥伴關係，共同導出結果的過程。所以請記得，根據對方的性格，以做出委婉的應對，結果會更好。

❸決定合約的「速度」

我有一位泰國客戶，是個性爽朗的韓國女性，在泰國電影發行公司上班，她負責與我直接進行談判，而且泰國老闆很尊重她的決定。就如她爽朗的個性，決定速度非常快，所以我們跟這間公司的簽約件數也最多。

我喜歡這樣快速決定的購買者。遇到這類型的人，我也不拖延，會直接提出接近最終目標的金額，加快談判速度。假設我想要的最終金額是每集一萬五千美元，則直接喊一萬五千美元或稍微提高至一萬六千或一萬七千美元。面對誠實的她，我也誠實以告：「如果可以盡快簽約就好了，我不想浪費時間，這是我們能給的最低底線。若金額不到，將很難簽成這次的合約。」

誠實又爽朗的她，也能很快就回答「Yes 或 No」。結果與我心中的憂慮相反，通常大部分的回答是「Yes」。因此，往後的合約也能快速進行。

若她的回答是「No」，我會在底線範圍內與其議價，或乾脆不出售，以確保我的發言信賴度，因為長期來看，「守信用」更有利。放棄這次的交易，但能確保下一次交易的信賴度，會變得更容易談判。以我個人而言，這樣爽快的對象是我未來想一直共事的人。

如果對方喜歡刻意拖延談判，又該怎麼做？

首先要耐心等待。不過如果一直持續這種態度，我方一定要穩住，不要被對方牽著鼻子走。可以視情況以同樣的速度應對，或持續鞭策對方，甚至果斷停止談判或宣告結束，另謀備案。我們很難期待可以和不照顧我方的人，維持長期的夥伴關係，因為不論是談判結果或過程，都需「雙贏」。

❹了解對方是否喜歡「享受禮遇」

人都喜歡被禮遇，但有些人特別重視，有些人則覺得有負擔。如果遇到前者情形，則需要滿足他的欲求，一起用餐時也要留意餐廳種類，符合其喜好，要讓他感覺「備受禮遇」。

我曾在釜山文創市場（BCM）展覽時，和一家柬埔寨公司共進晚餐，對象是兩位柬埔寨主要電視台的部長，兩兄弟年紀看似三十後半，在父親經營的電視台擔任購買負責人，換句話說，他們是含著金湯匙出生的人，從小就習慣接受他人的禮遇，且內心也很享受這些待遇。

透過開會，我已掌握到兩位的性格，因此晚餐時，我預訂能瞭望廣安大橋的西餐廳，那家餐廳以觀賞夕陽聞名。他們很滿意我為了用餐，訂了這麼好的西餐廳。託釜山海邊夜景的福，彼此心情放鬆，氣氛和樂。不談工作，而是互相分享自己的故事。其中，弟弟侃侃而談自己在柬埔寨的女友；兄長則拿出子女照片，毫不保留地自誇家人。

那一刻，雖然我們國籍、生活環境皆不同，卻猶如家鄉朋友般親近。

用餐快結束之際，我順其自然地提及簽約話題。當時的情形是一年期的經銷合約（提前一次性購買預計上映的連續劇，例如簽下未來一年間上映的水木連續劇）到期，正要開始談論續約事宜的時機點，但我們不僅沒有談簽約，整個晚餐時間都在「閒聊」。氛圍已達成熟，用餐即將結束之際，把握機會但在不破壞氣氛情況下，簡單提及「簽約條件」，表達我方想要繼續維繫夥伴關係的意願，然後再回到「朋友模式」，享用最後的餐點，擁抱並送他們上計程車。

展覽結束後，他們回到柬埔寨，我則安靜等待不催促。幾天後，接到從柬埔寨打來，令人開心的電話。答案是「Yes」！

因此，我將一年期的經銷合約變成三年期，以當時柬埔寨的最高單價簽約，每年的價格也固定上漲，而且還販售出舊作的套裝組合。之所以能一口氣賣出許多作品，釜山夜景和共進晚餐的時光，功不可沒。招待客戶前往氣氛好的高級餐廳，並在用餐過程中形成親密的共感，最後再送他們上計程車，整套的禮遇使他們感動，所以產生好結果。

因此，我明白了一件事：了解如何攻破對方內心的銅牆鐵壁，非常重要。

22 依國籍，選擇適合的說話方式

以世界為舞台經商時，掌握該國的民族性是基本之一。知道對方討厭什麼、喜歡什麼，以及對事物會產生哪些反應，這才是真正的夥伴。

某天，我讀到一本以幽默筆觸講述民族性的書，書名是《地球村千姿百態》。以下介紹其中一段有趣的文章：

〈各國家的關係樣態〉

美國人雖然不好親近，可是一旦變得親近，就很合理；

中國人雖然不好親近，可是一旦變得親近，就很長久；

日本人雖然不好親近，可是即使變得親近，仍不知心；

韓國人容易親近，一旦變得親近，馬上以兄弟姊妹相稱。

以上為美國人、中國人、日本人及韓國人的關係樣態說明。雖然一個國家的民族性無法單一定義，但不可否認，每個國家都有固有的民族性。

我有好幾年負責韓流主要市場的東南亞國家。在那之前，我對東南亞的印象就像是個單一國家。可能是因為我不常旅行，所以無知，好比西方人不能區分韓國人、中國人和日本人一樣。不過，這幾年和他們一起工作，我才明瞭一件事：即使同為東南亞國家，但每個國家的民族性確實不一樣。例如：韓式英文發音（Konglish），還有柬埔寨式、越南式英文發音。此後，我每負責一個新國家時，都會先掌握他們的民族性。

負責眾多東南亞國家時，我發現泰國和越南的民族性特別相近，這兩個國家都有明顯的特性，彼此又奇妙的相反。簡單來說，泰國人是「外柔內剛」；越南人則是「外剛內柔」。

泰國人的微笑很美，總是笑得很親切，對人沒什麼警戒心，心胸寬闊，很有禮貌，所以很快就能親近。但某一刻會感覺到彼此的界線到此為止，想要再深入關係，則需要更多的時間。想維持某種程度上的熱情，並完全抓住他們的心，有一定限度。

反之，越南人活潑又強勢。越南購買者很多是女性，像是「強勢的姊姊」。通電話時也只顧自己要講的，「劈哩啪拉」說完就掛電話。不過，她們很長情，交易結束後，持續有聯絡的購買者以越南居多。

我好奇原因，為什麼同是東南亞國家，泰國人和越南人的個性完全相反？於是，我翻閱書籍及在網路上搜尋資料，得到如下文的啟發。

首先，泰國在歷史上是唯一保持獨立的國家，不曾經歷過殖民時期，因此沒有什麼被害意識，所以個性溫和愛笑，討厭紛爭，帶有樂天的民族性。雖然對外國人親切，但對自己的國家也有強烈的自負心。

相反地，越南則受到外國好幾次的侵略，經歷數百年的中國和法國殖民，終於在不斷抵抗後獨立。由於在越南戰爭中贏過世界最強的美國，為此感到驕傲。基於不斷受到外來侵略，最終獲得獨立的歷史性因素，使得越南人民擁有不屈不撓的性格，自尊心強也討厭輸。另外，該國女性在社會上很活躍，政府主要團體的重要職位也多由女性擔任。以歷史而言，越南的殖民與產業化時期，與韓國相似，因此民族性在某種程度上也有類似之處。

各國的民族性都不同，了解才能融入

只要了解各國的歷史背景或民族性，就能更了解他們，而且會有一種更親近的感覺。若是不懂他們的民族性，當泰國人親切笑著並試圖談價格時，你很有可能會認為「果然和傳聞一樣！」開始有警戒心，那便是談判失敗的前兆。此外，當越南人不聽人說話，自說自話時，你可能會心想「是來吵架的嗎？」連對方已掛電話都不知。以世界為舞台經商時，先掌握該國的民族性是基本之一。

透過這幾篇文章，探討如何掌握對方，並依對象別採取不同的應對方式。此時，你應該會疑惑：「不是啊，考量對方的性別、年齡、性格和民族性後再接近對方，是不是太算計了？」

完全不會，這麼做反而是「尊重對方」。知道對方討厭什麼、喜歡什麼，以及對事物會產生哪些反應，這才是真正的夥伴，不是嗎？**依對方的個性選擇適合的應對方式，才是讓談判變容易，且能縮短時間，達成雙贏的捷徑。**

雖然談判時的業務知識很重要，但事先「了解對方」也非常重要。

23 不裝模作樣，最討人喜歡

世上沒有一個人是完美的，過度費力去擁有自己沒有的一面，或矯枉過正，反而是在浪費時間。

我是屬於「愛自己」的人，但似乎對自己不完全滿意，還是會羨慕他人，看到自己沒有的魅力也會偷偷模仿。但某刻起，我知道了一件事：同時利用優缺點，以及多磨練優點，比補強缺點更有效果。

一個人的優點從另一層面來看是缺點；反之，缺點從另一層面來說也是優點。風雲人物到哪裡都受矚目，因此可能不太會留意他人需求。相反地，在人與人之間毫無存在感的無名小卒，因專注在自我世界，內心情感可能很豐沛。行動力強的人，雖然容易讓人有負擔，但他確實能做出成效；而先聽他人意見者，雖然短時間看不到成效，周圍的人卻能感覺舒服。

因此，每個人都有「雙面性」，世上沒有一個人是完美的，過度費力去擁有自己沒有的一面，或矯枉過正，拚命改正缺點，反而是在浪費時間。不如利用這段時間強化優點和魅力，以結果面來看，能達成不錯的效果。

談判時也一樣，不要一心為了追求完美，扮成連自己都不熟的人。請以真實的模樣為基礎，再搭配談判技巧即可。

比起主導對話，如果你是更擅長聽他人說話的「傾聽者」（Good Listener），但又覺得在談判桌上，話多者才會贏，進而瞎說，你會發現在某一瞬間，氣氛突然冷卻。或者，你個性活潑，但卻扮演慈母形象微笑，最後嘴角抽筋，再也無法扮演這個形象。甚至，有些人因誤解魅力的影響力，而假扮「致命女郎」（Femme fatale）或「花美男」（Homme fatale）；或明明是與他人發生糾紛時，容易緊張不安的性格，卻假扮成「鬥雞」，故作強勢，這都是不行的。

比起裝模作樣，請盡情在對方面前展現個人的優點和魅力吧！無論是卓越的幽默感、豐富的知識、能讓對方心情好的話術，以及超強的共感能力都無妨。請在守護界線的範圍內，展現出自己最有魅力的一面。

瑞士作家羅伯特・瓦爾澤（Robert Walser）在其作品《散步》中曾說：「我是

我的時候，我對自己滿意。那圍繞在我身邊的世界，也會發出和諧的音色。」

能散發魅力感染周遭，也能適時配合對方的人，才是真正的談判高手。

Column

照流程走沒有不好，但自然的應對更佳

我們公司的一樓大廳有兩間咖啡廳，兩間都是有名的特許經營店，我很常去。不過，這兩間之中，其中一間讓我感覺更舒適。雖然不知緣由，但該店散發出一種「莫名更吸引人的氛圍」。

後來我才得知，原因在於店員的「應對方式」。雖然兩間店都不曾算錯錢或對我無禮，店員們也很專業，但其中一間店的應對方式更自然，相對更有人情味且尊重客人。店員說完該說的話後，也不會催促客人。雖然該店一直以來人潮眾多，但他們總是能配合點餐者的速度，不急促且溫柔地看著對方的眼睛，因此在這裡消費更令人心安。大概是因為總公司的教育訓練，其他店員的態度也一致。

相反地，在另一間店點餐，如果不趕緊回答，就會莫名被對方的眼神掃射。從點餐開始，到詢問集點、外帶與否，公式化的過程，連說話語調和提問速度都很一致，猶如複製貼上。

前不久，我和一位同事到了第二間咖啡廳，同事點完餐後告訴我：「這裡的店員好制式化。」連同事都有這樣的感覺，那就不是我個人的問題了。

比起公式化討論，自然一點更好

談判時，雖然會準備好該說的話，但不能像一位紅筆老師，一一縝密地確認，也不需要像學校活動般，從國歌儀式到教務主任訓話，完全照順序進行。

配合對方的語速，自然的應對，能帶給對方舒適且被吸引的感覺。

“知道對方討厭什麼、喜歡什麼，

以及對事物會產生哪些反應，這才是真正的夥伴。”

PART

4

陷入僵局時，如何化解？

除了等待，偶爾也要主動出擊

24 以「靜」制動，讓他比你更心急

人一定有優點和缺點，有些人的優點反過來說也是缺點，所以我發現這也是他的盲點，因此判斷「懸崖戰術」對他有效。

本篇要來談談，當談判陷入「膠著」時的解決方案。

這是我與香港某間企業談續約時發生的事。經由原本的簽約，我方的影視作品已在對方的平台提供觀看服務，因合約即將結束，需討論續約事宜。對於該如何進行這次的談判，我煩惱許久後，認為可以用「懸崖戰術」。

越是追求完美，越無法忍受失敗

首先，因為我知道對方想續約。我們的影視作品在該公司平台上提供服務，對於他們的營業額有正面的影響，所以沒有理由不跟我方續約。

其二，因為對方的角色和我所處的狀況。因此，我依著這兩項根據，決定使用懸崖戰術。不過，這裡指的對方角色和我的處境，是什麼意思呢？

對方窗口是一位三十歲後半的男性工作狂。依他的年紀，位階已達香港優良通信企業副會長（VP，Vice President）的程度，在業界備受肯定。上次和我們簽約後，成功增加該平台的韓國影視作品量，也奠定及強化他的地位。

他是一位非常聰明的男人，對於業界現況或影視產業的認識，遠超越他人，談判時也常以淵博的知識，積極主導氛圍，所以我說話的比例通常僅占兩成。但不得不承認他確實博學多聞，開會期間我只能頻頻點頭，對他的一字一句感到驚嘆。

換言之，他是一個人生裡不懂「失敗」的男人，是一位完美模範生，猶如扎針不見血的毒種，以及無任何空隙的完整體。可是，人一定有優點和缺點，有些人的優點反過來說也是缺點，所以我發現這也是他的盲點，因此判斷「懸崖戰術」對他有效。

我在談判開始後，便提出相當高的續約條件，他當然不會接受。不過，距離合約到期還有一個月，況且在調整最終條件的過程中，還會有最終階段的拔河賽。因為我方要求的條件並非不合理，所以我決定在這時使用懸崖戰術，一種逼迫對方到最後一刻的方式。

我堅守自己想要的價值，等待又等待。不過，對方也不是好欺負的，果然，他想要以對他們有利的條件為方向引導，讓談判進入僵局。

我在即將生米煮成熟飯的最終階段，再度進入僵持狀態，於是部長把我叫了過去：「宋次長，差不多該結束了。再這樣下去，交易破局（Deal Break）怎麼辦？這樣可以了，就簽了吧！」

雖然結果不壞，談好的抽成數也比其他公司高，但就這樣結束太可惜了，我非常確信。雖然這是主觀判斷，且內心完全沒有「該不會」的恐懼感是騙人的，但我想相信自己的感覺。

「部長，請再稍等，我一定不會讓交易破局，請相信我一次。」我如此回答。

那麼，我確信適用「懸崖戰術」的根據為何？因為「他的人生沒有失敗」。他從以前到現在，一直是乘勝長驅，受過菁英教育、站在頂端，且自尊心強、害怕失敗。萬一這次沒有續約，將會在他的職涯留下汙點。因此，他絕對不會放任這個情況不管，只要堅持到最後，一定有勝算。

在合約將到期的懸崖邊，他若沒答應條件，就是會提出新的協議方案，哪一種狀況都沒關係，因為現在談好的抽成數也算是令人滿意。

對方漸漸心急了，開始答應我方提出的部分條件，並一直提出新的協議方案。合約到期日就在眼前，對方的郵件速度變得更快。我調整部分條件的同時也堅守想要的價值，因為在他的字典裡不會有「二〇一八年，和韓國某電視台的續約破局了。我失敗了」的紀錄。終於，到了合約到期日。我收到他的一封郵件，內容是同意至今協議的所有續約條件。

我建議，當情況符合這三種條件時，即可大膽使用「懸崖戰術」，包括：❶我方以「無條件」獲取自己想要的價值為目標時；❷對方欲簽約的想法強烈時；以及❸照對方擔任的職位及背景來看，有勝算時。

對方至今為止仍然很傑出，好幾次受邀擔任韓國會議的講師。真心期望他的未來也能持續一帆風順，沒有太多的失敗。

25 好結果是「等」出來的

拉開彼此的距離，各自在自己的位置上喘息後再見面，則達成協議的可能性會變高。

在人生的道路上，我發現「忍耐」是重要的美德之一。持續等待，總有一天會輪到自己。即使不是填補空缺，但在某種層面上，必然會以某種方式得到補償。因此，我認為「等待」是尊重與敬愛自己的生活方式。

面對另一方時，相信並等待他，也是一種尊重對方的方式。對我而言，這也是在談判裡可以一舉兩得的技巧。

越是親近的後輩，我越不吝嗇直言。對於不怎麼樣的關係，我雖然也在意形象，但大多客套對待；反之，若是希望其未來能順遂的後輩，我則會如實告知。雖然殘忍，卻也算是極現實的建議。有一位後輩就曾對我說：「這個姊姊是來真的啊！」

有一天，我明白了一個道理，如果自顧自地說話，像饒舌歌手般不停歇地講，可能只會看到對方不知所措的眼神，事後會發現，他們仍然一知半解。簡單來說，人類要橫衝直撞，且全心全意碰撞後才能領悟一切。

我一直到很晚才明白這個事實，原來比起建議或忠告，後輩們只是需要對於困境的同感和安慰。不介入並靜靜等待，才是尊重他們的方式。

談判有時急不得，越急越容易自亂陣腳

談判時，也常需要發揮「等待」的哲學。談判中，「等待」不僅是尊重對方的方式，也是我們能有效獲得想要物品的技巧。

作家趙廷來在《叢林萬里》一書中，介紹中國人的特性之一是「慢慢來」。中國人交易時，常會使用僵局戰術，因此，習慣「快速」文化的韓國人和中國人談判時，有很高的機率會失敗。

但「慢慢策略」不僅限於中國。談判中，等待的那個人通常會獲勝。因此，談

判陷入膠著狀態時，建議先等待。不過，等待為何很重要？

首先，等待的另一種說法是「有餘裕」。

前文曾提到「內心要有餘裕」，眼界才會開闊，能看到未來的藍圖，並正確判斷目前的處境，抓住重心。最重要的是，如果我方態度從容，並將這份感覺傳遞給對方，反而對方會因此焦躁不安，促使產生「若想簽約，就要主動出擊」的想法。

再者，如同上述提及的，「等待」是尊重及信賴對方的意思。

等待對方是認同他的判斷，相信及理解的意思。雖然在彼此產生衝突之前，溝通也很重要，但如果連可以睜一隻眼閉一隻眼的事都一一計較，要求對方表明立場，或者不斷對一些小事道歉，有可能會傷感情，誤認：「這是不相信我嗎？」無論是道歉者或接受者都會很不高興。因此，發生衝突時，要先相信對方的判斷或包容，等到情緒穩定時再對話。如果雙方仍僵持不下，或對方看起來還在生氣時，再積極展開對話也不遲。

最後，這是為了防範「過度緊張」的狀況。

隨著情況膠著緊繃，各自都需要「放鬆時間」。情緒達到極限時，就跟鬥牛場上的牛沒什麼兩樣，只會為了頂撞而頂撞。但如果拉開彼此的距離，各自在自己的位置上喘息後再見面，恢復客觀看待事情的角度，則達成協議的可能性會變高。

因此，談判陷入膠著狀態時，為了找回內心的餘裕，並傳遞給對方，以防止衝突時，需要先暫停一下。

書籍《希臘左巴》中，有段文章正是講述「等待」的重要性。書中提到，蝴蝶為了蛻蛹而出，正準備在蠶蛹上鑽洞。看到這番景象的人類，心急地想要幫忙，於是從口中吹氣，讓蝴蝶能以比原來更快的速度脫離蠶蛹，來到外面的世界。但這只是暫時的，因為牠的翅膀會因此拗折萎縮，最後死去。

蛻蛹而出的過程必須要有耐性；展翅的過程必須接受陽光且要慢慢來。然而，因為人類等不及的欲望，最終導致蝴蝶的死亡。

談判也要看時機，時機也包含「等待」的時間。等待並非消極或退縮的行為，因為「一步退後，是為了兩步前進」。運用在談判上也是相同道理，有時等待能換來更多的前進。

26 有誤會時，講開就對了！

在某些情況下，不說反而會使情況膠著，尤其在有誤會或衝突時，更是如此。

生活中，我屬於即使和對方產生誤會，也不會積極講開的類型，就算誤會是跟自己有關，也不會特地站出來解釋，總認為只要問心無愧就好。但是，這可能並非尊重對方的方式，甚至會引來更大的誤會。累積許多經驗後我才明白，「正確說話」是一件非常重要的事，「真心陳述」才是觸動對方心房的捷徑。

這是很久以前發生的事。當時韓國還使用NATEON軟體來對話，而我透過軟體認識一位「NATEON男」。代號沒有什麼特別含義，只是因為他使用NATEON工作，故取其名。

那天我在辦公室工作，局長外出回來後看到，便對我說：「最近似乎很忙，辛苦了。」我心中感覺溫暖及充滿感謝。局長說完話要回去時，NATEON男在軟體上想找我說話。那一刻，我突然感覺煩躁，自言自語：「吼，不要跟我說話。」話才說完，我的後腦勺便傳來一陣涼意。

我在一秒內掌握所有狀況，感到頭暈目眩。就在此時，我回頭看局長室，原來局長還沒進辦公室，並以「荒唐」的眼神看著我。我無法做出任何辯解，因為時間點太微妙了，說任何話都像在狡辯。可是心裡總想著，說了會不會好一點？如今，這位局長已經退休，而我則錯失辯解的機會。這件事放在我心裡超過十年，我始終對局長感到抱歉。

談判時，若與對方產生誤會使狀態膠著，「正直」是最好的方針，誠實以告彼此的心意和狀況，若有失誤，就要承認並道歉。

誠實告知底牌，有時比勾心鬥角更好用

我們公司有部賣到全世界的人氣綜藝節目，之所以如此受歡迎，始於幾年前泰國的W公司購買後製作放映，進而打入美國、歐洲和亞洲全區，現在更是席捲全世界。

當時與W公司談判此作品的版權合約時，其負責人是一位話非常少的害羞男性，開會時也幾乎都在聽我說，是一位無法得知內心情緒的人。不過，從上次簽約中可得知，如果下定決心「一定要買」，他也能瞬間成為如閃電般快速決定，具有判斷力的男子漢。

這部作品除了在韓國有人氣，也賣出至中國和柬埔寨，在韓流市場的人氣已被認可，即使不是W公司，我也能賣給泰國其他公司，並使用前文提及的「懸崖戰術」或「以退為進法」。

不過，我希望W公司可以買下版權，因為我相信他們的製作能力。然而在洽談的過程中，我感覺到對方對價格等條件，與我方認知有所不同。

對方雖然話少且不擅欲擒故縱，但很聰明誠實，是有責任感的人。既然他如此「真摯」，我們就要以「真摯」對待。以牙還牙，以眼還眼，以真摯還真摯。因此我選擇以「誠實」的方式接近他。

談判時，排除所有「欲擒故縱」的要素，直接說出我想要的條件，以及打開心胸接受他想要的條件（這類型的人會直接說出想要的條件，不會欺瞞）。我尊重他的意見並開始調整條件，真誠地與其溝通，希望能帶給對方信賴感。這般真摯的靠近後，他果真開始打開心房。開啟心房後，他果然成為散發反轉魅力的男性。

洽談完泰國版的授權後，對方隔年就要播放並宣傳，果不其然，才播出第一集就造成轟動。在泰國人氣爆發後，影響周邊的其他國家，如越南、緬甸、印尼和菲律賓等，也接連簽約成功，甚至傳到美國、英國、法國、義大利、澳洲和印度等，相繼在不同國家裡重製及播放。

因此，談判若陷入膠著，雙方站在平行線上無法交集時，不妨試著跟對方誠實溝通吧！它是比任何方法都快速，能在短時間內解決衝突的關鍵鑰匙。假設我隱藏內心，不斷揣測對方十萬八千里深的想法，與他大玩心理戰，我猜想版權也無法賣至泰國，或被賣到製作能力不如 W 公司的企業，也許就不會發生紅到全世界的事情了（當然作品本身是非常優秀的）。

雖說「心靈相通」或「看眼神就知道」，感覺很浪漫，但在某些情況下，不說反而會使情況膠著，尤其在有誤會或衝突時，更是如此。**發生衝突時，沒有什麼比誠實以告更有效**。試著誠實說話吧！或許對方正等你釋出善意，提前敲門。

27 條件談不攏時，就把「上司」搬出來

在談判中，惡角等於「有決定權者」。以對方的立場來看，是「可怕的存在」。

坐下來好好談判的方法之一，就是製造逃脫的「洞穴」。這裡的洞穴係指，隨時可以推翻和後悔自我主張或立場的空間。

製作洞穴的最佳方法之一是「角色設定」。即將我方分為「善角」和「惡角」，並與對方進行談判。此時，善角最好由實際負責談判的「執行者」扮演；惡角則由上司，即管理者負責。在談判中，惡角等於「有決定權者」。以對方的立場來看，是「可怕的存在」。

當然，談判時也常發生「執行者」的權限較大，不但負責擬定談判方案，實際在談判桌時，也是擁有決定權的人，管理者僅負責決定最終方案的同意與否。

僵持不下時就退一步，不把話說死才有機會

不過，在談判對象面前，管理者的權限確實較高，身為執行者的我僅是受到委任代理，成為如「阿凡達」般的存在。舉例來說：

購買者：每集一萬美金太貴了，不能便宜一點嗎？您是次長，應該有權限吧？

我：我也想幫您，但您也知道這要由我們部長做決定，如果依序（部長—局長—本部長等公司職位階級）上報，我要先說服部長才行，而且也要獲得相關部門同事的同意。我也想完成這筆交易，但這樣看下來，如果不出一萬美金，恐怕有困難，麻煩您們再討論看看。

做到這種程度後就往後躲，對方會再聯繫你。美化自己有如三明治般，夾在中間的狀況，對方的選擇不是同意條件就是告知不簽約，兩者其一。

如果對方答應條件，談判依自己的想法進行則無問題；然而，若是對方回應：「我們討論過了，看來這次無法簽約了。抱歉。」這時就需要「洞穴」。偷偷放下尾

巴，改以「事情有轉機」的模樣溝通。但突然轉變態度，對方對你的可信度必然會降低。

不過，若提前製造好逃脫的洞穴，狀況則不同。所以我們才要設定角色，以這種方式接近對方。

我：以我們而言，一萬美金是最低價了，真可惜。那也沒辦法，我們真的很想跟貴公司簽約。

購買者：我們的預算也很有限……

我：了解，看來因為預算問題，真的沒辦法了。不然，我再跟部長說說看。過去以來，我們已經締結良好的夥伴關係，就這樣結束太可惜了。雖然不知道能不能成，但我再問問看。請您回去也幫忙協助與說服。

購買者：好，我知道了。

說完這些後，不要馬上回應，靜靜等待。如果對方無法等待先聯繫，或許也是在試探我們，有可能同意一萬美金的條件。這時候，對方如果再次主張一萬美金太貴時，我方就躲進洞穴裡，慢慢地討價還價即可。

然而，若對方沒有聯繫，也看不到回應的跡象，表示一萬美金不行的機率很高。這時候必須以些微降價的方式重啟談判，向對方表示，說服部長的結果是「同意降低價格」。換言之，**負責實際談判的執行者一直扮演「善角」，將握有決定權的惡角光榮讓給上位者**。

凡事都要留餘地

再舉另一個案例。我方正在和 S 公司進行銷售談判，我們希望以對自己有利的方式，來洽談收益分配率（Revenue Share，簡稱 RS，收入的分配）。

以郵件傳遞上述內容時，我在信中以這樣的方式結尾：「若無法調整 RS，我們很難合作。無論如何，還是希望能達成協議，與貴公司成為夥伴，一起共事。如果有任何疑問或意見，請隨時聯絡我，謝謝。」

這封郵件涵蓋三種意圖。首先，試探不接受我方條件就不交易的「果斷」。不過，為了不堵住路口，同時也製造了兩種洞穴，即想要和對方維持夥伴關係的「餘地」及可再商議的「彈性」。

你曾經用微波爐加熱即食品嗎？微波之前，要先稍微撕開封口，若以密封的狀態加熱，容易爆開。同理可證，談判也需要「洞穴」。在彼此僵持不下，過熱的情況下，就需要撕開封口，找到出路。

因此談判時，一定要製造可逃脫的洞穴，才不會毀損對方對我們的信賴感，自在地進行談判。

28 巧妙讓他感到抱歉，談判就有轉機

感覺自己比對方不足時，為了抵銷歉意，會主動積極靠近。

以前有一位男前輩曾對我說：「我妻子說在跟我結婚前，曾被住在三星 Tower Palace 的男人追求過。聽到這話，我有了想對她更好的想法。」由於妻子本來可以住在三星 Tower Palace 般豪華房子裡，卻因為遇到自己，得跟他一起受苦，讓前輩產生抱歉之意。原本就愛妻的前輩，昇華成妻管嚴。

男女之間的「抱歉」，可成為維持關係的原動力。感覺自己比對方不足時，為了抵銷歉意，會主動積極靠近。當然不可否認，這有可能是男女陷入愛河時，盲目的一見鍾情，又或是想要填補對方不足的母愛或父愛。但，「抱歉」仍為戀愛結婚，甚至人際關係裡的情感法則之一。

談判也一樣，若能讓對方感到歉意，他就會想要還這份人情。

當雙方皆抱歉時，事情就有轉圜餘地

這是我負責與Ｅ公司洽談續約時發生的事。Ｅ公司是購買我方作品版權的平台服務公司。與平台交易時，通常是以計算作品費用後全額支付的方式，或以一定的比率分配平台收益的方式進行。而我們與Ｅ公司的簽約是定率方式。

我們在合約期滿前兩個月開始談續約，因為很滿意現在的條件，我方目標是延續基本的簽約條件。但Ｅ公司的想法則不同。在討論續約之前，他們就持續要求在基本合約上補充協議。

果不其然，一開始談判後就重複提出相同要求，即「調整收益分配率」等三條件。但他們希望不單是調整基本條件，而是修改合約的主幹。對我們而言，若非有相應的代價，否則無重新考慮的餘地。

然而，在續約時無視對方需求，大喊「不行」，只會傷了與Ｅ公司的感情。況且，他們從數個月前開始要求，若這次再拒絕，對方「終止合約」也不無可能。由此可知，Ｅ公司平台的收益占我方銷售額很大的比例，是「甲」方；而我們是不能放棄與E公司簽約的「乙方」。

因此，無法答應他們要求的我，不得不產生負債意識，但現在我的情況是不能照著走，因為以我方的立場，E公司的要求實屬無理。

最後，我想到的方法是製造歉意，無法答應彼此要求的條件，在雙方皆感到抱歉的情況下維持基本合約，是可選擇且最安全的方案。

因此，我向他們提出令人吃驚的條件，即以「全額」的方式支付少數名作的追加金額。當時我們公司以「收回作品本錢」之名，開始對名作採高價策略，所以我利用這樣的狀況進行談判。雖然過去是以定率方式簽約，E公司全額支付追加金額的可能性為零，但我仍提出對方勢必會拒絕的條件，讓他們也產生歉意。

不僅如此，我指出我方作品在其平台上的銷售持續下滑，除了讓對方產生更多歉意之外，還一併要求他們附上能提升銷售的方案，並告知若持續下滑，我們有可能不再提供作品，隱約給予施壓。

藉此，雙方的關係才變成平等，我們無法答應他們的條件，他們也無法答應我們的條件。雙方不得不延續原本的條件，不再產生衝突。最後便能各自放下要求，以延長合約期限，來結束這次的談判。

此外，因為作品在自家平台的銷售下滑，而感到抱歉的E公司，後來竟首次資助行銷費用，不僅達成原來的談判目標，還獲得意外的善意，可謂「一舉兩得」。事後，整體銷售變好，以結果層面來看，這是一個雙方皆獲利的雙贏談判。

在人類的善性之中，有一點是「還人情」。不過，**若是毫無根據地製造讓對方感到抱歉的情境，將會形成「煤氣燈效應」**[7]**，應立即停止。**

7是一種心理操縱的形式，其方法是一個人或一個團體隱密地讓受害者逐漸開始懷疑自己，使其質疑自己的記憶力、感知力或判斷力，其結果是導致受害者的認知失調和其他變化，例如低下的自我尊重。

29 面對無理取鬧的要求，不妨這樣回應

人們都以為保持善意也是一種方式，但也容易使對方變得傲慢。如果對方濫用這份善意，則要懂得果斷處理。

有一位購買者N，她在一間大規模的發行公司上班，更是我方在該國銷售排行前三名的公司之一，且那間公司是她父親經營的，即含著金湯匙出生的孩子。

由於她是我們的VIP，我每次都很盡責地接待她。通常版權會議的第一天，我都會幫她安排在第一場會議，第一天的午餐或晚餐時間也是她的，更令人羨煞的是，她在自己的工作崗位上做得非常好。

N是一位不好對付的女性，其他銷售負責人都認為跟她工作很辛苦，因為她超越甲方，是站在「帝王位置」的人。

很久以前，敝公司曾辦過「購買者邀請活動」，邀請主要的購買負責人來韓

國，由我方招待他們觀光，以親近彼此。寄送出活動邀請函後，陸續收到許多從全世界寄來的感謝信。

果然N也回郵件了。我點開信件，眼睛閃亮並想著「N有多開心？」然而，出乎意料之外，信件中有多處都用紅字撰寫（N生氣時會用紅色大字表達不滿）。我愣了一下，想著「這又是什麼情況？」一路讀完信件，原來是飛機座位的問題。信件內容大致寫著：「不是啊，這段期間我幫你們公司賺了多少錢，結果只提供經濟艙？放肆！你可知罪！」

未提供商務艙是違背她的尊嚴（實際使用的英文單字是「dignity」），是絕對不可發生的無禮行為。我雖然心裡抱怨：「不是啊，沒常識和禮貌的人到底是誰。」但N是我們的VIP客戶，於是，我強迫自己回覆：「這是公司政策，還請見諒。」事情好不容易才告一段落。

這僅是其一案例。其他電視台的銷售負責人也因為N，曾經很傷腦筋，我們也曾聚在一起喝酒，鞏固鬥志。不過，能藥到病除嗎？她可是左右銷售額的絕對所有者。

對方越是無理取鬧，越要冷處理

有一次，我決定不邀請N參加BCM活動（釜山文創市場）。邀請過程中，N又因為某件事心情不佳，向組織委員會的負責人大聲吼叫。最後，即使她是VIP，當年我仍決定不邀請她。

這種狀況接連不斷，我還因此產生「N恐懼症」，一旦她來信，我就開始害怕她「又想拿什麼事來吵」，不敢點開信件。她是一個如果能避就想避開的對象。不過，放棄N等同放棄這筆買賣，我的心情宛如四面楚歌。

苦惱後，我決定變換策略，因為越是體諒配合她，她的惡行就越嚴重。如果她寄來充滿紅字的信件，我就翻閱以前的信找證據，輕描淡寫地反駁，使她無法再抗議；如果是無理取鬧，我便不回應，將信移至垃圾桶。然而，若她因為沒收到回覆而生氣打電話過來時，我則袖手旁觀地按下「拒接」，專注做自己的事。

後來，我更是獨自赴約與N的餐會。通常跟重要購買者用餐時，為了符合級別，常會有部長或局長同行，但我故意一個人前往，表示她對我們來說不再是重要的人。

最後，決定不再販售作品給她，而先賣給與N家公司相當的其他企業。若她等不到訊息，主動來詢問時，我便帥氣回覆：「喔？這個已經賣掉了耶。抱歉。」雖然有點幼稚，不過我打算用這種方式告訴她，如果妳讓我痛苦，妳也會變得痛苦。

維持一段時間後，她漸漸有所轉變。若我不回信，她改使用通訊軟體發送「愛心」貼圖，還經常撒嬌。她原本是狂拿紀念品的貪心鬼，漸漸地，開會時會認真傾聽並點頭，甚至露出微笑，令人心軟。當然，信件上的紅字也消失了。

同事們對她一百八十度轉變的樣子，都嚇了一大跳，並給她取了新綽號「微笑天使N」。

有一次和微笑天使開完會回去，部長神奇地問：「不是啊，妳是怎麼哄女王的？祕訣是什麼？」

祕訣只有一個，即「以牙還牙，以眼還眼」（Tit for Tat）。我一般會避開不懂善意的人，若不能避開，則先暫時忍耐等待，但若對方變本加厲，則還以其身之道是我的原則。

當你的善意被濫用時，就該考慮做個了斷

若能以愛待人，該有多好？真心感謝，彼此體諒，沒有分幫結派。現實是，這種地方恐怕只在天堂。

在我們生活的世界裡，「善意」不一定通用。人們都以為保持善意也是一種方式，但也容易使對方變得傲慢。由於理解對方「可能會這樣」，便將過錯丟回給自己，彷彿真的是自己的錯，甚至產生煤氣燈效應。

雖然我們大多相信人性本善，但如果對方濫用這份善意，則要懂得果斷處理。否則，在這險峻的世界裡拚死拚活，最終可能無法完成身為社會一員的使命。在社會生活裡，有時候純真是一種罪。或許，我們更熟悉愛別人，當不能愛上對自己造成傷害的人時，也會產生罪惡感。可是，我們偶爾也需要「轉身的勇氣」。

請記得，再長期的關係也需要適時的果斷。單向行為久了勢必會感到倦怠，一旦倦怠，關係就結束了。

30 設截止日、提供選項，避免僵持不下

當狀況不得動彈時，告訴對方條件或期限，促使談判重啟，若對方不接受則終止談判。

當身邊有一位會讀書，身高又高，價值觀也很不錯，如「鄰家哥哥」般的男人，不但和我有話聊，宗教信仰也跟我一樣，外貌還是我喜歡的類型，還有比這個更完美的嗎？可是，我卻發生了悲劇，這般完美的男人對我並不積極。如果對我積極些，那該有多好。

說到「曖昧」，我算是受災戶。對不滿意的人說不喜歡，建立銅牆鐵壁；對滿意的人又怕失敗受傷，築下防護牆。就這樣在戀愛中來來去去，一下接近，一下又推開對方，最後，曖昧男們接連離開，誰也沒留下。

聖誕節前兩天，即十二月二十三日晚上，我無緣無故發訊息給這位哥哥：「我

們彼此似乎都有意，要不要交往看看？如果二十五日前沒回覆，我就認定是我想錯了。」很丟人的感覺。然而，在丟人的那瞬間，我感覺來了。果然到了二十四日早上，對方仍不讀不回，我連開始都沒有就要道別：「祝你生活順利，再見！」還沒到二十五日就先踢開對方，至少在精神上贏得勝利。

我的個人經驗雖然失敗，但透過這個案例能了解什麼是「馬其諾防線」。

任何談判都要有底線，即最後一道防線

建立談判策略時，該做的事情之一就是制定「馬其諾防線」。所謂的馬其諾防線，係指無法再退讓的「最後防線」。以價格為例，「每集不到一萬美金就不簽約」；以期限為例，「三月底前若協議不成，則談判破裂」。

「設定最低目標」雖然是為了穩固自我，但在談判陷入膠著時，也能作為解決的標準。當狀況不得動彈時，告訴對方條件或期限，促使談判重啟，若對方不接受則終止談判。藉此可防止陷入長期膠著狀態，避免浪費時間，又能減少錯過與其他公司交易的機會。

以告知簽約條件來說，若採取馬其諾防線，**方法大致可分為兩種：誘導對方回覆我們的條件，即「Yes or No」，或給對方各種選項做決定。**

談判會陷入膠著的原因之一，是不知道該如何調整條件，束手無策。由於彼此在探究該如何縮短距離，使得「試探」的時間變長。這時提供契機，給予對方選項較好，像是：

選擇A 每集價格兩萬美金、合約期限三年，權利為無線電視台和付費ＴＶ、非獨占網路／平台，匯款日程為一個月內先付三成，第二個月再付三成，商品提供前付最後四成。

選擇B 每集價格一萬五萬美金、合約期限三年，權利為無線電視台和付費ＴＶ、非獨占網路／平台，匯款日程為簽約完成後一個月內付五成，商品提供前再付五成。

選擇C 每集價格一萬美金、合約期限兩年，權利為無線電視台和付費ＴＶ、非獨占網路／平台，匯款日程為簽約完成後立即支付全額。

以我的工作型態來說，若給予上述選項，對方能更好的選定立場。我方提出的三個選項也都已經設下馬其諾防線，所以對方選哪一個都可以。雖然對方可能以此為根據提出新選項，但已經定下標準線，因此不會脫離太遠，確實有利於縮短彼此的距離。

你的談判還處於膠著狀態，動彈不得嗎？那就向對方設下馬其諾防線吧！無論是期限或選項都可以，只要有結果都好。**不論是好是壞，要有「結果」，未來才有可能更好**。

截至目前為止，本章深入探討當談判陷入膠著時，可採用的七種解決方法，該做的都做了，就剩完成所有談判條件，做出最終決定和簽約。

不過，就如莎士比亞著名喜劇《終成眷屬》（*All's Well That Ends Well*）所說的：「結果好，一切都好。」因此，下一章節我們要來談論結束談判的方法。

“雖然我們大多相信人性本善，

但如果對方濫用這份善意，則要懂得果斷處理。”

PART 5

談判結束，該如何收尾？

除了表達謝意，聯絡不能少

31 適時捧對方，創造再合作的機會

人都會回顧自己成功的經驗並尋找抬高自己的人，沒有人想要跟每次都剝削自己的人成為夥伴。

現在就剩最終決定了，卸下緊張，好想打開香檳，耳邊響起閉幕進行曲。想到談判順利結束，成就感滿滿，真想在對方面前顯露：「如何？我厲害吧？」不過，還沒到最後一刻都還不算結束。畫完龍，卻沒有點上眼睛，就什麼都不是。所以應保持畫龍點睛的心情，直到最後都不能放鬆。

我學皮拉提斯好幾年了，有一個動作是「橋式」。躺在瑜伽墊上屈膝直立，從骨盆到胸口，分節依序抬起身體。重點在於全神貫注在每個關節，慢慢往上抬，最後全身往上就是成功。可是，這還沒結束。一點一點往上，同樣地，也要慢慢從胸口到骨盆，往下回到瑜伽墊，當骨盆觸碰到地板時，動作才算結束。

不過，對初學者而言，結尾很難。因為已放下身體重心，認為該做的都做了，專注力下降，必然會急速垮下。身體突然躺下，或是只分胸口、肚子和骨盆三階段躺下，許多初學者常不懂得橋式在最後階段的畫龍點睛之妙。

談判也是結尾圓滿才算完成。那麼，談判該如何收尾呢？我在條件幾乎都談好，正要插上勝利旗子時，會藏匿旗子，最後再給對方一些緊張感，試圖在「都已達成」的時候重新提出條件，或不輕易透露最終定案的決定意願並拖延時間。

「不是啊，為什麼不能爽快結束，連最後都要這麼糾纏？」可能很多人心裡會有這樣的疑問。這是因為要讓對方「擁有勝利感」。

站在對方的立場，以最接近我方的馬其諾防線條件簽約，是最好的談判，因為那是我們能退讓的最終防線。因此，對方看到我們無法輕易做出最終確認，一直想要調整條件的模樣，會覺得：「啊，這條件不能滿足他們啊，看來是已經到底線了。那我們以這條件簽約，是最好的結果嘍？」

反之，如果太快露出滿意表情，或毫不猶豫地答應條件，對方反而心情會不好：「啊，早知道就再降低價格，他一定也會答應。」不僅無法滿足，還會感到挫敗。**所以到最後都不能卸下緊張，稍微停下來或設置障礙物的原因，就是要讓對**

方有勝利感。如果運氣好，對方答應我們的要求，就再好不過了。

除此之外，即使最終決定出爐，也不要忘記鼓舞及稱讚對方的談判能力和這次的結果。做球給對方，告知他：「我們真的很希望能跟您締結夥伴關係，故而讓步答應。您的談判能力真厲害，很開心能一起工作，感謝您協助創造好結果。期望未來也能成為好夥伴。」

為什麼要做球給對方，讓他有勝利感？

因為交易不是單一次性。人都會回顧自己成功的經驗並尋找抬高自己的人，沒有人想要跟每次都剝削自己的人成為夥伴。對方滿足與我方的談判結果，下次才會再找我們。

不論任何事都很重視結尾，雖然過程亦重要，但結尾好，大致能美化過程。**透過這次交易，感覺到「受照顧」的對方，依據「好意返還」法則，會以「下次再跟我們交易」作為返還**。反覆累積這般好意，彼此建立鞏固的夥伴關係，這就是談判中的「雙贏」方式。

背影美麗的人，會給他人留下餘韻。不僅限於人，談判也要從背影中散發香氣，唯有如此，未來才能與對方走上花路（編按：即未來都會很順利，只會發生好事之意）。

32 定期問候、了解需求，讓關係不結束

交易完成後，很有可能會不小心疏忽關係的維繫。請記得，維持夥伴關係是談判的結束，也是另一個出發點。

如今，談判結束了，以完成合約簽章作為結尾，令人心滿意足。不過，結束即代表另一個開始。我們現在僅僅是踏出成為夥伴的第一步，往後仍要持續與對方維持「夥伴關係」，不讓交易單一次結束。

如前文所述，我進到國際產業部後，首次被分配負責的區域是「新興市場」，如：烏克蘭和俄羅斯等CIS國家，以及土耳其、大洋洲地區，使我成為一隻「孔雀」。孔雀的小翅膀一直在期待颱風的席捲，我的服務精神越來越好。有一次，前任的人事部部長，也是現任產業部的本部長，曾被我對購買者們一百八十度轉變的樣貌嚇到，導致以前在人事部工作時謹慎行事的樣子，瞬間消失得無影無蹤。

就這樣過了一年多，我變成韓流主要市場的東南亞國家負責人。擔任新興市場後熟悉的「服務精神」仍在，從某刻起它自然地存於我的體內。

結果發生比我預想更大的事。由於我的認知錯誤，誤以為東南亞是新興市場，需要重新開發，事後才知道當地韓流當道，就算不使用孔雀策略，銷售額也能達到一定程度。不過，也多虧於此，我在購買者間獲得高人氣。每次活動開幕，就會收到各地送來的紀念品，銷售額也迅速向上竄升。

交易完成後，維繫關係也很重要

交易結束後，因彼此距離遙遠，只能透過社群問候，但只要有好的作品，也不忘寄送資料，持續維持良好關係。過去因在韓流荒地裡開墾，創造出許多維持關係的方法，可謂是有如神助。

因此，與對方成為夥伴並想要維持關係的態度非常重要，尤其是交易完成後，很有可能會不小心疏忽關係的維繫，所以不能不用心。**請記得，維持夥伴關係是談判的結束，也是另一個出發點。**

交易後仍想到對方的用心、掌握並填補對方欲求的努力，以及作為夥伴提出的新藍圖等，還有很多事要做。你無法得知這些動作會帶來什麼樣的成果，但很明確的是，蝴蝶的移動總有一天會引起旋風，努力終究也會以某種方式結成果實。

最後我想說的是，人的情感會先於事實（fact），比起有意識，更受無意識影響。一定要記得，**談判時動搖對方的「情感」很重要**。只要做好這點，你的談判就成功了。

「人類意識的九五%由無意識組成，剩下的五%才是由有意識引起。」

——傑拉德・扎爾特曼（Gerald Zaltman），哈佛大學教授

後記

看完本書，換你上場了！

宋次長說完故事了，看看時間，已經是半夜十二點。這次不能又在購買者面前打瞌睡，被笑稱是「韓國醜女」了。

看著後輩，其宛如小鳥般看著鳥媽媽的眼神消失，變成自信滿滿的談判家眼神。如今，應該可以了。宋次長照鏡子看自己，莫名感到心滿意足，似乎不是因為即將到來的活動而感到緊張，而是突然覺得如果能把故事告訴更多人，給予小小幫助，過去艱辛的時光就有意義。

再次檢查開會時要帶的物品，都已經準備好了，從明天起就是實戰。躺在床上，在腦海裡模擬預想的會議，漸入夢鄉。

隔天早晨，因吵雜的手機鬧鐘聲而驚醒。宋次長在重要的日子會設約三個鬧鐘，且將聲音調到最大，放在耳邊睡覺。早上鬧鐘一響，耳朵會無防備地被鬧鈴聲攻擊，進而清醒。

沖完澡，開始化妝。之前進行膚色診斷的結果，宋次長最適合「淡紫色」，所以畫上淡紫色眼影，俗話說「眼睛是靈魂之窗」，希望嚮往簽約的淡紫色心意也能觸動對方。幸好昨天關燈睡覺，受到褪黑激素的洗禮，好好睡了一覺。就算到了下午，也不會因為熊貓眼而毀了眼影。

拿出套裝，小心翼翼穿上後整理頭髮。最後穿上高跟鞋，兩手提著裝滿物品的紙袋走出房門。

一到大廳，果然責任感強的負責人最先到達。後輩氣喘吁吁地跑過來，而部長則從容地走過來。一、二、三、四，確認人員到齊後，大家一同前往活動會場「節慶宮」。這次很輕鬆地直接抵達展位，眼前出現昨天就整理好的乾淨模樣。一行人各自坐在自己的位置上準備開會。

宋次長打開筆電，插上準備好的ＵＳＢ。電腦跳出寫好今日行程的畫面，並打開記錄會議內容的備忘錄，以及把主打作品的文宣冊和試映片（節目第一集ＤＶＤ）放在旁邊。最後，根據購買者人數拿出紀念品。

抬頭往走道一看，菲律賓 B 公司和 M 公司的負責人形同陌生人，擦肩而過。

終於到了活動開始的十點，第一場會議是跟微笑天使 N 進行。她抱著一堆要送我的紀念品，迎笑而來。宋次長起身，開心地迎接她，輕輕擁抱問候：「How are you doing? You look good today!」（過得好嗎？妳今天狀態看起來很好！）

好的，今日會議開始！

參考文獻

1. 史都華・戴蒙（Stuart Diamond），《華頓商學院最受歡迎的談判課：上完這堂課，世界都會聽你的》（*Getting More：How to Negotiate to Achieve Your Goals in the Real World*），8.0（Eight Point），頁四七
2. 崔勝目，《從聖經中讀心理學》，頁一四至一五
3. 羅伯特・瓦爾澤（Robert Walser），《散步》，頁五〇至五六、七四
4. 村上春樹，《刺殺騎士團長》，頁二七
5. 蕭伯納（George Bernard Shaw），《賣花女》（*Pygmalion*），頁一八一至一八二
6. 保羅・科埃略（Paulo Coelho de Souza），《*The Archer*》，頁一一三
7. 金妍秀，《設計者們》，頁三〇二、三八五
8. 李昌動，《國際媒體恐龍們的戰爭》，頁二〇至二一、二五
9. 尼可洛・馬基維利（Niccolò Machiavelli），《君王論》，頁一二四
10. 約翰・葛瑞（John Gray），《男人來自火星，女人來自金星》，頁二〇五
11. 吳明浩，《原來談判這麼有用》，頁一五五、一九二、一九五、一九七
12. 趙廷來，《叢林萬里》，頁一九、四八
13. 朴英萬、金榮宇，《國民性風趣幽默，地球村千姿百態》，頁一二〇
14. 尼可斯・卡山札基（Nikos Kazantzakis），《希臘左巴》，頁五四、一七七
15. 亞當・格蘭特（Adam Grant），《給予：華頓商學院最啟發人心的一堂課》（*Give and Take*），頁二〇至二二

哈佛醫師的復原力練習書

美國正念引導師 30 年經驗分享！

運用正念冥想走出壓力、挫折及創傷，
穩定情緒的實用指南。

蓋兒．蓋茲勒◎著

我的疾病代碼是 F

即使沒有特別的原因，
也有可能得憂鬱症！

從不知所措到坦然面對，
與憂鬱、焦慮、輕微強迫症共處的真實故事。

李荷妮◎著

我也不想一直當好人

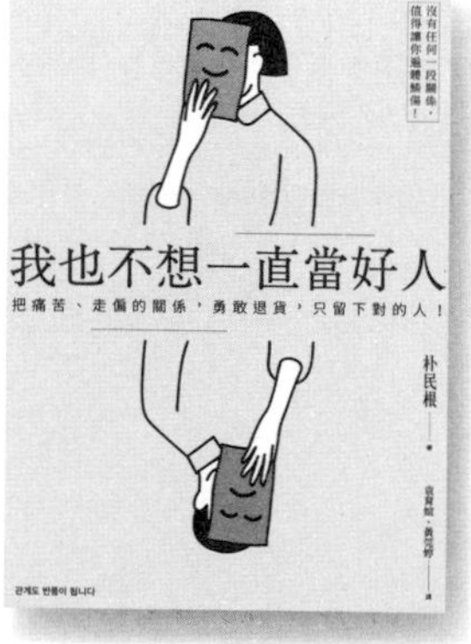

帶來傷害的關係，
請勇敢拋棄吧！

把痛苦、走偏的關係，勇敢退貨，
只留下對的人！

朴民根◎著

我把韓劇賣到全世界：韓國MBC電視台的談判高手，教你沒有好口才，也能說服各種人的32個說話技巧

2023年4月初版 定價：新臺幣350元

著者	宋曉智
譯者	陳彥樺
叢書主編	陳永芬
校對	陳佩伶
內文排版	林婕瀅
封面設計	FE設計

副總編輯	陳逸華
總編輯	涂豐恩
總經理	陳芝宇
社長	羅國俊
發行人	林載爵

出版者	聯經出版事業股份有限公司
地址	新北市汐止區大同路一段369號1樓
叢書主編電話	(02)86925588轉5306
台北聯經書房	台北市新生南路三段94號
電話	(02)23620308
郵政劃撥帳戶第	0100559-3號
郵撥電話	(02)23620308
印刷者	文聯彩色製版印刷有限公司
總經銷	聯合發行股份有限公司
發行所	新北市新店區寶橋路235巷6弄6號2樓
電話	(02)29178022

行政院新聞局出版事業登記證局版臺業字第0130號

本書如有缺頁，破損，倒裝請寄回台北聯經書房更換。 ISBN 978-957-08-6888-3 (平裝)
聯經網址：www.linkingbooks.com.tw
電子信箱：linking@udngroup.com

國家圖書館出版品預行編目資料

我把韓劇賣到全世界：韓國MBC電視台的談判高手，
教你沒有好口才，也能說服各種人的32個說話技巧/宋曉智著.
陳彥樺譯. 初版. 新北市. 聯經. 2023年4月. 224面. 14.8×21公分
ISBN 978-957-08-6888-3（平裝）

1.CST：談判 2.CST：談判策略

177.4 112004650